PIERRE LOUŸS

Les Chansons
Bilitis

— *ROMAN LYRIQUE* —

DIXIÈME ÉDITION

PARIS
SOCIÉTÉ DV MERCVRE DE FRANCE
XV, RVE DE L'ÉCHAVDÉ-SAINT-GERMAIN, XV

M DCCC XCVIII

M. Pierre Louÿs publiera prochainement :

LE PRINTEMPS	HÉLIOGABALE
Roman moderne	Roman

MERCVRE DE FRANCE
Fondé en 1672
(*Série moderne*)

15, RVE DE L'ÉCHAVDÉ. — PARIS

paraît tous les mois en livraisons de 320 pages, et forme dans l'année 4 volumes in-8, avec tables.

Rédacteur en Chef : ALFRED VALLETTE

**Romans, Nouvelles, Contes, Poèmes, Théâtre, Musique
Etudes critiques, Traductions
Autographes, Portraits, Dessins et Vignettes originaux.**

REVUE DU MOIS

Épilogues (actualité) : Remy de Gourmont.
Les Poèmes : Pierre Quillard.
Les Romans : Rachilde.
Théâtre (publié) : Louis Dumur.
Littérature : Robert de Souza.
Histoire, Sociologie : Marcel Collière.
Philosophie : Louis Weber.
Psychologie : Gaston Danville.
Science sociale : Henri Mazel.
Questions morales et religieuses : Victor Charbonnel.
Méthodes : Valéry.
Voyages, Archéologie : Charles Merki.
Romania, Folklore : J. Drexelius.
Bibliophilie, Histoire de l'Art : R. de Bury.
Esotérisme et Spiritisme : Jacques Brieu.
Chronique universitaire : L. Bélugou.
Les Revues : Charles-Henry Hirsch.
Les Journaux : R. de Bury.
Les Théâtres : A.-Ferdinand Herold.

Cirques, Cabarets, Concerts : Jean de Tinan.
Musique : Charles-Henry Hirsch.
Art moderne : André Fontainas.
Art ancien : Virgile Josz.
Publications d'Art : Yvanhoé Rambosson.
Le Meuble et la Maison : Les XIII.
Chronique de Bruxelles : Georges Eekhoud.
Lettres allemandes : Henri Albert.
Lettres anglaises : Henry-D. Davray.
Lettres italiennes : Luciano Zùccoli.
Lettres portugaises : Philéas Lebesgue.
Lettres latino-américaines : Pedro Emilio Coll.
Lettres russes : Zinaïda Wenguerow.
Lettres néerlandaises : Hermann Heijermans jr.
Lettres scandinaves : Henri Albert.
Lettres tchèques : Jean Rowalski.
Variétés : X.
Publications récentes : Mercure.
Echos : Mercure.

PRIX DU NUMÉRO :
France : 2 fr. » — Étranger : 2 fr. 25

ABONNEMENT

FRANCE		ÉTRANGER	
Un an	20 fr.	Un an	24 fr.
Six mois	11 »	Six mois	13 »
Trois mois	6 »	Trois mois	7 »

On s'abonne *sans frais* dans tous les bureaux de poste en France (Algérie et Corse comprises), et dans les pays suivants : Belgique, Danemark, Italie, Norvège, Pays-Bas, Portugal, Suède, Suisse.

Imp. C. RENAUDIE, 56, rue de Seine, Paris.

DU MÊME AUTEUR

A LA MÊME LIBRAIRIE

Aphrodite (69ᵉ édition), 1 vol. in-18. . . .   3.50
Le même ouvrage, 1 vol. in-8°, tirage restreint.   10   »
Lêda, 1 cahier in-4°, tirage restreint. . . .   10   »
Les Chansons de Bilitis, 1 vol. in-8° orné d'un portrait de Bilitis, par Albert Laurens, d'après le buste polychrome du Musée du Louvre.   10   »

TRADUCTIONS DU GREC

Méléagre. Poésies. . . . .   épuisé
Lucien. Scènes de la vie des Courtisanes..   épuisé

POÉSIES

Astarté. 1 vol. in-4°, tiré à 100 exemplaires.   épuisé

EN PRÉPARATION

Le Printemps, roman moderne.
Héliogabale.

LES CHANSONS DE BILITIS

JUSTIFICATION DU TIRAGE :

Droits de traduction et de reproduction réservés pour tous pays
y compris la Suède et la Norvège.

LES CHANSONS

DE BILITIS

Traduites du grec

PAR

PIERRE LOUŸS

DIXIÈME ÉDITION

PARIS
SOCIÉTÉ DV MERCVRE DE FRANCE
XV, RVE DE L'ÉCHAVDÉ-SAINT-GERMAIN, XV

M DCCC XCVIII

Tous droits réservés

CE PETIT LIVRE D'AMOUR ANTIQUE

EST DÉDIÉ RESPECTUEUSEMENT

AUX JEUNES FILLES DE LA SOCIÉTÉ FUTURE

VIE DE BILITIS

VIE DE BILITIS

Bilitis naquit au commencement du sixième siècle avant notre ère, dans un village de montagnes situé sur les bords du Mélas, vers l'orient de la Pamphylie. Ce pays est grave et triste, assombri par des forêts profondes, dominé par la masse énorme du Taurus; des sources pétrifiantes sortent de la roche; de grands lacs salés séjournent sur les hauteurs, et les vallées sont pleines de silence.

Elle était fille d'un Grec et d'une Phénicienne. Elle semble n'avoir pas connu son père, car il n'est mêlé nulle part aux souvenirs de son enfance. Peut-être même était-il mort avant qu'elle ne vînt au monde. Autrement on s'expliquerait mal comment elle porte un nom phénicien que sa mère seule lui put donner.

Sur cette terre presque déserte, elle vivait d'une vie tranquille avec sa mère et ses sœurs. D'autres jeunes filles, qui furent ses amies, habitaient non loin de là. Sur les pentes boisées du Taurus, des bergers paissaient leurs troupeaux.

Le matin, dès le chant du coq, elle se levait, allait à l'étable, menait boire les animaux et s'occupait de traire leur lait. Dans la journée, s'il pleuvait, elle restait au gynécée et filait sa quenouille de laine. Si le temps était beau, elle courait dans les champs et faisait avec ses compagnes mille jeux dont elle nous parle.

Bilitis avait à l'égard des Nymphes une piété très ardente. Les sacrifices qu'elle offrait, presque toujours étaient pour leur fontaine. Souvent même elle leur parlait, mais il semble bien qu'elle ne les a jamais *vues, tant elle rapporte avec vénération les souvenirs d'un vieillard qui autrefois les avait surprises.*

La fin de son existence pastorale fut attristée par un amour sur lequel nous savons peu de chose bien qu'elle en parle longuement. Elle cessa de le chanter dès qu'il devint malheureux. Devenue mère d'un enfant qu'elle abandonna, Bilitis quitta la Pamphylie, d'une façon assez mystérieuse, et ne revit jamais le lieu de sa naissance.

Nous la retrouvons ensuite à Mytilène où elle était venue par la route de mer en longeant les belles côtes d'Asie. Elle avait à peine seize ans, selon les conjectures de M. Heim qui établit avec vraisemblance quelques dates dans la vie de Bilitis, d'après un vers qui fait allusion à la mort de Pittakos.

Lesbos était alors le centre du monde. A mi-chemin entre la belle Attique et la fastueuse Lydie, elle avait pour capitale une cité plus éclairée qu Athènes et plus corrompue que Sardes : Mytilène, bâtie sur une presqu'île en vue des côtes d'Asie. La mer bleue entourait la ville. De la hauteur des temples on distinguait à l'horizon la ligne blanche d'Atarnée qui était le port de Pergame.

Les rues étroites et toujours encombrées par la foule resplendissaient d'étoffes bariolées, tuniques de pourpre et d'hyacinthe, cyclas de soies transparentes, bassaras traînantes dans la poussière des chaussures jaunes. Les femmes portaient aux oreilles de grands anneaux d'or enfilés de perles brutes, et aux bras des bracelets d'argent massif grossièrement ciselés en relief. Les hommes eux-mêmes avaient la chevelure brillante et parfumée d'huiles rares. Les chevilles des Grecques étaient nues dans le cliquetis des periscelis, larges serpents de métal clair qui tintaient sur les talons; celles des Asiatiques se mouvaient en des bottines molles et peintes. Par groupes, les passants stationnaient devant des boutiques tout en façade et où l'on ne vendait que l'étalage : tapis de couleurs sombres, housses brochées de fils d'or, bijoux d'ambre et d'ivoire, selon les quartiers. L'animation de Mytilène ne cessait pas avec le jour; il n'y avait pas d'heure si tardive, où l'on n'entendît, par les portes ouvertes, des sons joyeux d'instruments, des cris de femmes et le bruit des danses. Pittakos même, qui voulait donner un peu d'ordre à cette perpétuelle débauche, fit une loi qui défendait aux joueuses de flûtes trop fatiguées de s'employer dans les festins nocturnes; mais cette loi ne fut jamais sévère.

Dans une société où les maris sont la nuit si occupés par le vin et les danseuses, les femmes devaient fatalement se rapprocher et trouver entre elles la consolation de leur solitude. De là vint qu'elles s'attendrirent à ces amours délicates, auxquelles l'antiquité donnait déjà leur nom, et qui entretiennent, quoi qu'en pensent les hommes, plus de passion vraie que de vicieuse recherche.

Alors, Sapphô était encore belle. Bilitis l'a connue, et elle nous parle d'elle sous le nom de Psappha qu'elle portait à Lesbos. Sans doute ce fut cette femme admirable qui apprit à la petite Pamphylienne l'art de chanter en phrases rhythmées, et de conserver à la postérité le souvenir des êtres chers. Malheureusement Bilitis donne peu de détails sur cette figure aujourd'hui si mal connue, et il y a lieu de le regretter, tant le moindre mot eût été précieux tou-

chant la grande Inspiratrice. En revanche elle nous a laissé en une trentaine d'élégies l'histoire de son amitié avec une jeune fille de son âge qui se nommait Mnasidika, et qui vécut avec elle. Déjà nous connaissions le nom de cette jeune fille par un vers de Sapphô où sa beauté est exaltée; mais ce nom même était douteux, et Bergk était près de penser qu'elle s'appelait simplement Mnaïs. Les chansons qu'on lira plus loin prouvent que cette hypothèse doit être abandonnée. Mnasidika semble avoir été une petite fille très douce et très innocente, un de ces êtres charmants qui ont pour mission de se laisser adorer, d'autant plus chéris qu'ils font moins d'efforts pour mériter ce qu'on leur donne. Les amours sans motifs durent le plus longtemps : celui-ci dura dix années. On verra comment il se rompit par la faute de Bilitis, dont la jalousie excessive ne comprenait aucun éclectisme.

Quand elle sentit que rien ne la retenait plus à Mytilène, sinon des souvenirs douloureux, Bilitis fit un second voyage : elle se rendit à Chypre, île grecque et phénicienne comme la Pamphylie elle-même et qui dut lui rappeler souvent l'aspect de son pays natal.

Ce fut là que Bilitis recommença pour la troisième fois sa vie, et d'une façon qu'il me sera plus difficile de faire admettre si l'on n'a pas encore compris à quel point l'amour était chose sainte chez les peuples antiques. Les courtisanes d'Amathonte n'étaient pas comme les nôtres, des créatures en déchéance exilées de toute société mondaine; c'étaient des filles issues des meilleures familles de la cité, et qui remerciaient Aphrodite de la beauté qu'elle leur avait donnée, en consacrant au service de son culte cette beauté reconnaissante. Toutes les villes qui possédaient comme celles de Chypre un temple riche en courtisanes avaient à l'égard de ces femmes les mêmes soins respectueux.

L'incomparable histoire de Phryné, telle qu'Athénée nous l'a transmise, donnera quelque idée d'une telle vénération. Il n'est pas vrai qu'Hypéride eut besoin de la mettre nue pour fléchir l'Aréopage, et pourtant le crime était grand : elle avait assassiné. L'orateur ne déchira que le haut de sa tunique et révéla seulement les seins. Et il supplia les juges « de ne pas mettre à mort la prêtresse et l'inspirée d'Aphrodite ». Au contraire des autres courtisanes qui sortaient vêtues de cyclas transparentes à travers lesquelles paraissaient tous les détails de leur corps, Phryné avait coutume de s'envelopper même les cheveux dans un de ces grands vêtements plissés dont les figurines de Tanagre nous ont conservé la grâce. Nul, s'il n'était de ses amis, n'avait vu ses bras ni ses épaules, et jamais elle ne se montrait dans la piscine des bains publics. Mais un jour il se passa une chose extraordinaire. C'était le jour des fêtes d'Eleusis ; vingt mille personnes, venues de tous les pays de la Grèce, étaient assemblées sur la plage, quand Phryné s'avança près des vagues : elle ôta son vêtement, elle défit sa ceinture, elle ôta même sa tunique de dessous, « elle déroula tous ses cheveux et elle entra dans la mer ». Et dans cette foule il y avait Praxitèle qui d'après cette déesse vivante dessina l'Aphrodite de Cnide ; et Apelle qui entrevit la forme de son Anadyomène. Peuple admirable, devant qui la Beauté pouvait paraître nue sans exciter le rire ni la fausse honte !

Je voudrais que cette histoire fût celle de Bilitis, car, en traduisant ses Chansons, je me suis pris à aimer l'amie de Mnasidika. Sans doute sa vie fut tout aussi merveil-

leuse. Je regrette seulement qu'on n'en ait pas parlé davantage et que les auteurs anciens, ceux du moins qui ont survécu, soient si pauvres de renseignements sur sa personne. Philodème, qui l'a pillée deux fois, ne mentionne pas même son nom. A défaut de belles anecdotes, je prie qu'on veuille bien se contenter des détails qu'elle nous donne elle-même sur sa vie de courtisane. Elle fut courtisane, cela n'est pas niable; et même ses dernières chansons prouvent que si elle avait les vertus de sa vocation, elle en avait aussi les pires faiblesses. Mais je ne veux connaître que ses vertus. Elle était pieuse, et même pratiquante. Elle demeura fidèle au temple, tant qu'Aphrodite consentit à prolonger la jeunesse de sa plus pure adoratrice. Le jour où elle cessa d'être aimée, elle cessa d'écrire, dit-elle. Pourtant il est difficile d'admettre que les chansons de Pamphylie aient été écrites à l'époque où elles ont été vécues. Comment une petite bergère de montagnes eût-elle appris à scander ses vers selon les rythmes difficiles de la tradition éolienne? On trouvera plus vraisemblable que, devenue vieille, elle se plut à chanter pour elle-même les souvenirs de sa lointaine enfance. Nous ne savons rien sur cette dernière période de sa vie. Nous ne savons même pas à quel âge elle mourut.

Son tombeau a été retrouvé par M. G. Heim à Palaeo-Limisso, sur le bord d'une route antique, non loin des ruines d'Amathonte. Ces ruines ont presque disparu depuis trente ans, et les pierres de la maison où peut-être vécut Bilitis pavent aujourd'hui les quais de Port-Saïd. Mais le tombeau était souterrain, selon la coutume phénicienne, et il avait échappé même aux voleurs de trésors.

M. Heim y pénétra par un puits étroit

comblé de terre, au fond duquel il rencontra une porte murée qu'il fallut démolir. Le caveau spacieux et bas, pavé de dalles de calcaire, avait quatre murs recouverts par des plaques d'amphibolite noire, où étaient gravées en capitales primitives toutes les chansons qu'on va lire, à part les trois épitaphes qui décoraient le sarcophage.

C'était là que reposait l'amie de Mnasidika, dans un grand cercueil de terre cuite, sous un couvercle modelé par un statuaire délicat qui avait figuré dans l'argile le visage de la morte : les cheveux étaient peints en noir, les yeux à demi fermés et prolongés au crayon comme si elle eût été vivante, et la joue à peine attendrie par un sourire léger qui naissait des lignes de la bouche. Rien ne dira jamais ce qu'étaient ces lèvres, à la fois nettes et rebordées, molles et fines, unies l'une à l'autre, et comme enivrées de se joindre. Les traits célèbres de Bilitis ont été souvent reproduits par les artistes de l'Ionie, et le musée du Louvre possède une terre cuite de Rhodes qui en est le plus parfait monument, après le buste de Larnaka.

Quand on ouvrit la tombe, elle apparut dans l'état où une main pieuse l'avait rangée, vingt-quatre siècles auparavant. Des fioles de parfums pendaient aux chevilles de terre, et l'une d'elles, après si longtemps, était encore embaumée. Le miroir d'argent poli où Bilitis s'était vue, le stylet qui avait traîné le fard bleu sur ses paupières, furent retrouvés à leur place. Une petite Astarté nue, relique à jamais précieuse, veillait toujours sur le squelette orné de tous ses bijoux d'or et blanc comme une branche de neige, mais si doux et si fragile qu'au moment où on l'effleura, il se confondit en poussière.

PIERRE LOUŸS

Constantine, Août 1894.

I
BUCOLIQUES EN PAMPHYLIE

Ἁδὺ δέ μοι τὸ μέλισμα. καὶ ἢν σύριγγι μελίσδω
κἤν αὐλῷ λαλέω, κἤν δώνακι, κἤν πλαγιαύλῳ.

Théocrite.

L'ARBRE

1

Je me suis dévêtue pour monter à un arbre ; mes cuisses nues embrassaient l'écorce lisse et humide ; mes sandales marchaient sur les branches.

Tout en haut, mais encore sous les feuilles et à l'ombre de la chaleur, je me suis mise à cheval sur une fourche écartée en balançant mes pieds dans le vide.

Il avait plu. Des gouttes d'eau tombaient et coulaient sur ma peau. Mes mains étaient tachées de mousse, et mes orteils étaient rouges, à cause des fleurs écrasées.

Je sentais le bel arbre vivre quand le vent passait au travers ; alors je serrais mes jambes davantage et j'appliquais mes lèvres ouvertes sur la nuque chevelue d'un rameau.

CHANT PASTORAL

2

Il faut chanter un chant pastoral, invoquer Pan, dieu du vent d'été. Je garde mon troupeau et Sélénis le sien, à l'ombre ronde d'un olivier qui tremble.

Sélénis est couchée sur le pré. Elle se lève et court, ou cherche des cigales, ou cueille des fleurs avec des herbes, ou lave son visage dans l'eau fraîche du ruisseau.

Moi, j'arrache la laine au dos blond des moutons pour en garnir ma quenouille, et je file. Les heures sont lentes. Un aigle passe dans le ciel.

L'ombre tourne : changeons de place la corbeille de figues et la jarre de lait. Il faut chanter un chant pastoral, invoquer Pan, dieu du vent d'été.

PAROLES MATERNELLES

3

Ma mère me baigne dans l'obscurité, elle m'habille au grand soleil et me coiffe dans la lumière; mais si je sors au clair de lune, elle serre ma ceinture et fait un double nœud.

Elle me dit : « Joue avec les vierges, danse avec les petits enfants; ne regarde pas par la fenêtre; fuis la parole des jeunes hommes et redoute le conseil des veuves.

« Un soir, quelqu'un, comme pour toutes, te viendra prendre sur le seuil au milieu d'un grand cortège de tympanons sonores et de flûtes amoureuses.

« Ce soir-là, quand tu t'en iras, Bilitô, tu me laisseras trois gourdes de fiel : une pour le matin, une pour le midi, et la troisième, la plus amère, la troisième pour les jours de fête. »

LES PIEDS NUS

4

J'ai les cheveux noirs, le long de mon dos, et une petite calotte ronde. Ma chemise est de laine blanche. Mes jambes fermes brunissent au soleil.

Si j'habitais la ville, j'aurais des bijoux d'or, et des chemises dorées et des souliers d'argent... Je regarde mes pieds nus, dans leurs souliers de poussière.

Psophis ! viens ici, petite pauvre ! porte-moi jusqu'aux sources, lave mes pieds dans tes mains et presse des olives avec des violettes pour les parfumer sur les fleurs.

Tu seras aujourd'hui mon esclave ; tu me suivras et tu me serviras, et à la fin de la journée je te donnerai, pour ta mère, des lentilles du jardin de la mienne.

LE VIEILLARD ET LES NYMPHES

5

Un vieillard aveugle habite la montagne. Pour avoir regardé les nymphes, ses yeux sont morts, voilà longtemps. Et depuis, son bonheur est un souvenir lointain.

« Oui, je les ai vues, m'a-t-il dit. Helopsychria, Limnanthis ; elle étaient debout, près du bord, dans l'étang vert de Physos. L'eau brillait plus haut que leurs genoux.

« Leurs nuques se penchaient sous les cheveux longs. Leurs ongles étaient minces comme des ailes de cigales. Leurs mamelons étaient creux comme des calices de jacinthes.

« Elles promenaient leurs doigts sur l'eau et tiraient de la vase invisible les nénufars à longue tige. Autour de leurs cuisses séparées, des cercles lents s'élargissaient... »

CHANSON

6

« Torti-tortue, que fais-tu là au milieu ? — Je dévide la laine et le fil de Milet. — Hélas Hélas ! Que ne viens-tu danser ? — J'ai beaucoup de chagrin. J'ai beaucoup de chagrin.

— Torti-tortue, que fais-tu là au milieu ? — Je taille un roseau pour la flûte funèbre. — Hélas ! Hélas ! Qu'est-il arrivé ! — Je ne le dirai pas. Je ne le dirai pas.

— Torti-tortue, que fais-tu là au milieu ? — Je presse les olives pour l'huile de la stèle. — Hélas ! Hélas ! Et qui donc est mort ? — Peux-tu le demander ? Peux-tu le demander ?

— Torti-tortue, que fais-tu là au milieu ? — Il est tombé dans la mer... — Hélas ! Hélas ! et comment cela ? — Du haut des chevaux blancs. Du haut des chevaux blancs. »

LE PASSANT

7

Comme j'étais assise le soir devant la porte de la maison, un jeune homme est venu à passer. Il m'a regardée, j'ai tourné la tête. Il m'a parlé, je n'ai pas répondu.

Il a voulu m'approcher. J'ai pris une faulx contre le mur et je lui aurais fendu la joue s'il avait avancé d'un pas.

Alors reculant un peu, il se mit à sourire et souffla vers moi dans sa main, disant : « Reçois le baiser. » Et j'ai crié ! et j'ai pleuré. Tant, que ma mère est accourue.

Inquiète, croyant que j'avais été piquée par un scorpion. Je pleurais : « Il m'a embrassée. » Ma mère aussi m'a embrassée et m'a emportée dans ses bras.

LE RÉVEIL

8

Il fait déjà grand jour. Je devrais être levée. Mais le sommeil du matin est doux et la chaleur du lit me retient blottie. Je veux rester couchée encore.

Tout à l'heure j'irai dans l'étable. Je donnerai aux chèvres de l'herbe et des fleurs, et l'outre d'eau fraîche tirée du puits, où je boirai en même temps qu'elles.

Puis je les attacherai au poteau pour traire leurs douces mamelles tièdes; et si les chevreaux n'en sont pas jaloux, je sucerai avec eux les tettes assouplies.

Amaltheia n'a-t-elle pas nourri Dzeus? J'irai donc. Mais pas encore. Le soleil s'est levé trop tôt et ma mère n'est pas éveillée.

LA PLUIE

9

La pluie fine a mouillé toutes choses, très doucement, et en silence. Il pleut encore un peu. Je vais sortir sous les arbres. Pieds nus, pour ne pas tacher mes chaussures.

La pluie au printemps est délicieuse. Les branches chargées de fleurs mouillées ont un parfum qui m'étourdit. On voit briller au soleil la peau délicate des écorces.

Hélas! que de fleurs sur la terre! Ayez pitié des fleurs tombées. Il ne faut pas les balayer et les mêler dans la boue; mais les conserver aux abeilles.

Les scarabées et les limaces traversent le chemin entre les flaques d'eau ; je ne veux pas marcher sur eux, ni effrayer ce lézard doré qui s'étire et cligne des paupières.

LES FLEURS

10

Nymphes des bois et des fontaines, Amies bienfaisantes, je suis là. Ne vous cachez pas, mais venez m'aider car je suis fort en peine de tant de fleurs cueillies.

Je veux choisir dans toute la forêt une pauvre hamadryade aux bras levés, et dans ses cheveux couleur de feuilles je piquerai ma plus lourde rose.

Voyez : j'en ai tant pris aux champs que je ne pourrai les rapporter si vous ne m'en faites un bouquet. Si vous refusez, prenez garde :

Celle de vous qui a les cheveux orangés je l'ai vue hier saillie comme une bête par le satyre Lamprosathès, et je dénoncerai l'impudique.

IMPATIENCE

11

Je me jetai dans ses bras en pleurant, et longtemps elle sentit couler mes larmes chaudes sur son épaule, avant que ma douleur me laissât parler :

« Hélas ! je ne suis qu'une enfant ; les jeunes hommes ne me regardent pas. Quand aurai-je comme toi des seins de jeune fille qui gonflent la robe et tentent le baiser ?

« Nul n'a les yeux curieux si ma tunique glisse ; nul ne ramasse une fleur qui tombe de mes cheveux ; nul ne dit qu'il me tuera si ma bouche se donne à un autre. »

Elle m'a répondu tendrement : « Bilitis, petite vierge, tu cries comme une chatte à la lune et tu t'agites sans raison. Les filles les plus impatientes ne sont pas les plus tôt choisies. »

LES COMPARAISONS

12

Bergeronnette, oiseau de Kypris, chante avec nos premiers désirs ! Le corps nouveau des jeunes filles se couvre de fleurs comme la terre. La nuit de tous nos rêves approche et nous en parlons entre nous.

Parfois nous comparons ensemble nos beautés si différentes, nos chevelures déjà longues, nos jeunes seins encore petits, nos pubertés rondes comme des cailles et blotties sous la plume naissante.

Hier je luttai de la sorte contre Melanthô mon aînée. Elle était fière de sa poitrine qui venait de croître en un mois, et, montrant ma tunique droite, elle m'avait appelée : petite enfant.

Pas un homme ne pouvait nous voir, nous nous mîmes nues devant les filles, et, si elle vainquit sur un point, je l'emportait de loin sur les autres. Bergeronnette, oiseau de Kypris, chante avec nos premiers désirs !

LA RIVIÈRE DE LA FORÊT

13

Je me suis baignée seule dans la rivière de la forêt. Sans doute je faisais peur aux naïades car je les devinais à peine et de très loin, sous l'eau obscure.

Je les ai appelées. Pour leur ressembler tout à fait, j'ai tressé derrière ma nuque des iris noirs comme mes cheveux, avec des grappes de giroflées jaunes.

D'une longue herbe flottante, je me suis fait une ceinture verte, et pour la voir je pressais mes seins en penchant un peu la tête.

Et j'appelais : « Naïades ! naïades ! jouez avec moi, soyez bonnes. » Mais les naïades sont transparentes, et peut-être, sans le savoir, j'ai caressé leurs bras légers.

PHITTA MELIAÏ

14

Dès que le soleil sera moins brûlant nous irons jouer sur les bords du fleuve, nous lutterons pour un crocos frêle et pour une jacinthe mouillée.

Nous ferons le collier de la ronde et la guirlande de la course. Nous nous prendrons par la main et par la queue de nos tuniques.

Phitta Meliaï! donnez-nous du miel. Phitta Naïades! baignez-nous avec vous. Phitta Méliades! donnez l'ombre douce à nos corps en sueur.

Et nous vous offrirons, Nymphes bienfaisantes, non le vin honteux, mais l'huile et le lait et des chèvres aux cornes courbes.

LA BAGUE SYMBOLIQUE

15

Les voyageurs qui reviennent de Sardes parlent des colliers et des pierres qui chargent les femmes de Lydie, du sommet de leurs cheveux jusqu'à leurs pieds fardés.

Les filles de mon pays n'ont ni bracelets ni diadèmes, mais leur doigt porte une bague d'argent, et sur le chaton est gravé le triangle de la déesse.

Quand elles tournent la pointe en dehors cela veut dire : Psyché à prendre. Quand elles tournent la pointe en dedans, cela veut dire : Psyché prise.

Les hommes y croient. Les femmes non. Pour moi je ne regarde guère de quel côté la pointe se tourne, car Psyché se délivre aisément. Psyché est toujours à prendre.

LES DANSES AU CLAIR DE LUNE

16

Sur l'herbe molle, dans la nuit, les jeunes filles aux cheveux de violettes ont dansé toutes ensemble, et l'une de deux faisait les réponses de l'amant.

Les vierges ont dit: « Nous ne sommes pas pour vous. » Et comme si elles étaient honteuses elles cachaient leur virginité. Un aegipan jouait de la flûte sous les arbres.

Les autres ont dit: « Vous nous viendrez chercher. » Elles avaient serré leurs robes en tunique d'homme, et elles luttaient sans énergie en mêlant leurs jambes dansantes.

Puis chacune se disant vaincue, a pris son amie par les oreilles comme une coupe par les deux anses, et, la tête penchée, a bu le baiser.

LES PETITS ENFANTS

17

La rivière est presque à sec; les joncs flétris meurent dans la fange; l'air brûle, et loin des berges creuses, un ruisseau clair coule sur les graviers.

C'est là que du matin au soir les petits enfants nus viennent jouer. Ils se baignent, pas plus haut que leurs mollets, tant la rivière est basse.

Mais ils marchent dans le courant, et glissent quelquefois sur les roches, et les petits garçons jettent de l'eau sur les petites filles qui rient.

Et quand une troupe de marchands qui passe, mène boire au fleuve les énormes bœufs blancs, ils croisent leurs mains derrière eux et regardent les grandes bêtes.

LES CONTES

18

Je suis aimée des petits enfants ; dès qu'ils me voient, ils courent à moi, et s'acccrochent à ma tunique et prennent mes jambes dans leurs petits bras.

S'ils ont cueilli des fleurs, ils me les donnent toutes ; s'ils ont pris un scarabée ils le mettent dans ma main ; s'ils n'ont rien ils me caressent et me font asseoir devant eux.

Alors ils m'embrassent sur la joue, ils posent leurs têtes sur mes seins ; ils me supplient avec les yeux. Je sais bien ce que cela veut dire.

Cela veut dire : « Bilitis chérie, dis-nous, car nous sommes gentils, l'histoire du héros Perseus ou la mort de la petite Hellé. »

L'AMIE MARIÉE

19

Nos mères étaient grosses en même temps et ce soir elle s'est mariée, Melissa, ma plus chère amie. Les roses sont encore sur la route ; les torches n'ont pas fini de brûler.

Et je reviens par le même chemin, avec maman, et je songe. Ainsi, ce qu'elle est aujourd'hui, moi aussi j'aurais pu l'être. Suis-je déjà si grande fille ?

Le cortège, les flûtes, le chant nuptial et le char fleuri de l'époux, toutes ces fêtes, un autre soir, se dérouleront autour de moi, parmi les branches d'olivier.

Comme à cette heure-même Melissa, je me dévoilerai devant un homme, je connaîtrai l'amour dans la nuit, et plus tard des petits enfants se nourriront à mes seins gonflés...

LES CONFIDENCES

20

Le lendemain, je suis allée chez elle, et nous avons rougi dès que nous nous sommes vues. Elle m'a fait entrer dans sa chambre pour que nous fussions toutes seules.

J'avais beaucoup de choses à lui dire; mais en la voyant j'oubliai. Je n'osais pas même me jeter à son cou, je regardais sa ceinture haute.

Je m'étonnais que rien n'eût changé sur son visage, qu'elle semblât encore mon amie et que cependant, depuis la veille, elle eût appris tant de choses qui m'effarouchaient.

Soudain je m'assis sur ses genoux, je la pris dans mes bras, je lui parlai à l'oreille vivement, anxieusement. Alors elle mit sa contre la mienne, et me dit tout.

LA LUNE AUX YEUX BLEUS

21

La nuit, les chevelures des femmes et les branches des saules se confondent. Je marchais au bord de l'eau. Tout à coup, j'entendis chanter : alors seulement je reconnus qu'il y avait là des jeunes filles.

Je leur dis : « Que chantez-vous ? » Elles répondirent : « Ceux qui reviennent. » L'une attendait son père et l'autre son frère ; mais celle qui attendait son fiancé était la plus impatiente.

Elles avaient tressé pour eux des couronnes et des guirlandes, coupé des palmes aux palmiers et tiré des lotus de l'eau. Elles se tenaient par le cou et chantaient l'une après l'autre.

Je m'en allai le long du fleuve, tristement, et toute seule, mais en regardant autour de moi, je vis que derrière les grands arbres la lune aux yeux bleus me reconduisait.

CHANSON

23

« Ombre du bois où elle devait venir, dis-moi, où est allée ma maîtresse ? — Elle est descendue dans la plaine. — Plaine, où est allée ma maîtresse ? — Elle a suivi les bords du fleuve.

— Beau fleuve qui l'a vue passer, dis-moi, est-elle près d'ici ? — Elle m'a quitté pour le chemin. — Chemin, la vois-tu encore ? — Elle m'a laissé pour la route.

— O route blanche, route de la ville, dis-moi, où l'as-tu conduite ? — A la rue d'or qui entre à Sardes. — O rue de lumière, touches-tu ses pieds nus ? — Elle est entrée au palais du roi.

— O palais, splendeur de la terre, rends-la-moi ! — Regarde, elle a des colliers sur les seins et des houppes dans les cheveux, cent perles le long des jambes, deux bras autour de la taille. »

LYKAS

24

Venez, nous irons dans les champs, sous les buissons de genévriers; nous mangerons du miel dans les ruches, nous ferons des pièges à sauterelles avec des tiges d'asphodèle.

Venez; nous irons voir Lykas, qui garde les troupeaux de son père sur les pentes du Tauros ombreux. Sûrement il nous donnera du lait.

J'entends déjà le son de sa flûte. C'est un joueur fort habile. Voici les chiens et les agneaux, et lui-même, debout contre un arbre. N'est-il pas beau comme Adônis !

O Lykas, donne-nous du lait. Voici des figues de nos figuiers. Nous allons rester avec toi. Chèvres barbues, ne sautez pas, de peur d'exciter les boucs inquiets.

L'OFFRANDE A LA DÉESSE

25

Ce n'est pas pour l'Artémis qu'on adore à Perga, cette guirlande tressée par mes mains, bien que l'Artémis soit une bonne déesse qui me gardera des couches difficiles.

Ce n'est pas pour l'Athêna qu'on adore à Sidé, bien qu'elle soit d'ivoire et d'or et qu'elle porte dans la main une pomme de grenade qui tente les oiseaux.

Non, c'est pour l'Aphrodite que j'adore dans ma poitrine, car elle seule me donnera ce qui manque à mes lèvres, si je suspends à l'arbre sacré ma guirlande de tendres roses.

Mais je ne dirai pas tout haut ce que je la supplie de m'accorder. Je me hausserai sur la pointe des pieds et par la fente de l'écorce je lui confierai mon secret.

L'AMIE COMPLAISANTE

26

L'orage a duré toute la nuit. Sélénis aux beaux cheveux était venue filer avec moi. Elle est restée de peur de la boue. Nous avons entendu les prières et serrées l'une contre l'autre nous avons empli mon petit lit.

Quand les filles couchent à deux, le sommeil reste à la porte. « Bilitis, dis-moi, dis-moi, qui tu aimes. » Elle faisait glisser sa jambe sur la mienne pour me caresser doucement.

Et elle a dit, devant ma bouche : « Je sais, Bilitis, qui tu aimes. Ferme les yeux, je suis Lykas. » Je répondis en la touchant : « Ne vois-je pas bien que tu es fille ? Tu plaisantes mal à propos. »

Mais elle reprit : « En vérité, je suis Lykas, si tu fermes les paupières. Voilà ses bras, voilà ses mains... » Et tendrement, dans le silence, elle enchanta ma rêverie d'une illusion singulière.

PRIÈRE A PERSÉPHONÊ

27

Purifiées par les ablutions rituelles, et vêtues de tuniques violettes, nous avons baissé vers la terre nos mains chargées de branches d'olivier.

« O Perséphoné souterraine, ou quel que soit le nom que tu désires, si ce nom t'agrée, écoute-nous, ô Chevelue-de-ténèbres, Reine stérile et sans sourire !

« Kokhlis, fille de Thrasymakhos, est malade, et dangereusement. Ne la rappelle pas encore. Tu sais qu'elle ne peut t'échapper : un jour, plus tard, tu la prendras.

« Mais ne l'entraîne pas si vite, ô Dominatrice invisible ! Car elle pleure sa virginité, elle te supplie par nos prières, et nous donnerons pour la sauver trois brebis noires non tondues. »

LA PARTIE D'OSSELETS

28

Comme nous l'aimions tous les deux, nous l'avons joué aux osselets. Et ce fut une partie célèbre. Beaucoup de jeunes filles y assistaient.

Elle amena d'abord le coup des Kyklôpes, et moi, le coup de Solôn. Mais elle le Kallibolos, et moi, me sentant perdue, je priais la déesse !

Je jouai, j'eus l'Epiphénôn, elle le terrible coup de Khios, moi l'Antiteukhos, elle le Trikhias, et moi le coup d'Aphroditê qui gagna l'amant disputé.

Mais la voyant pâlir, je la pris par le cou et je lui dis tout près de l'oreille (pour qu'elle seule m'entendît) : « Ne pleure pas, petite amie, nous le laisserons choisir entre nous. »

LA QUENOUILLE

29

Pour tout le jour ma mère m'a enfermée au gynécée, avec mes sœurs que je n'aime pas et qui parlent entre elles à voix basse. Moi, dans un petit coin, je file ma quenouille.

Quenouille, puisque je suis seule avec toi, c'est à toi que je vais parler. Avec ta perruque de laine blanche tu es comme une vieille femme. Écoute-moi.

Si je le pouvais, je ne serais pas ici, assise dans l'ombre du mur et filant avec ennui : je serais couchée dans les violettes sur les pentes du Tauros.

Comme il est plus pauvre que moi, ma mère ne veut pas qu'il m'épouse. Et pourtant, je te le dis : ou je ne verrai pas le jour des noces, ou ce sera lui qui me fera passer le seuil.

LA FLUTE DE PAN

30

Pour le jour des Hyacinthies, il m'a donné une syrinx faite de roseaux bien taillés, unis avec de la blanche cire qui est douce à mes lèvres comme du miel.

Il m'apprend à jouer, assise sur ses genoux; mais je suis un peu tremblante. Il en joue après moi, si doucement que je l'entends à peine.

Nous n'avons rien à nous dire, tant nous sommes près l'un de l'autre; mais nos chansons veulent se répondre, et tour à tour nos bouches s'unissent sur la flûte.

Il est tard, voici le chant des grenouilles vertes qui commence avec la nuit. Ma mère ne croira jamais que je suis restée si longtemps à chercher ma ceinture perdue.

LA CHEVELURE

31

Il m'a dit: « Cette nuit, j'ai rêvé. J'avais ta chevelure autour de mon cou. J'avais tes cheveux comme un collier noir autour de ma nuque et sur ma poitrine.

« Je les caressais, et c'étaient les miens ; et nous étions liés pour toujours ainsi, par la même chevelure la bouche sur la bouche, ainsi que deux lauriers n'ont souvent qu'une racine.

« Et peu à peu, il m'a semblé, tant nos membres étaient confondus, que je devenais toi-même ou que tu entrais en moi comme mon songe. »

Quand il eut achevé, il mit doucement ses mains sur mes épaules, et il me regarda d'un regard si tendre, que je baissai les yeux avec un frisson.

LA COUPE

32

Lykas m'a vue arriver, seulement vêtue d'une exômis succincte, car les journées sont accablantes; il a voulu mouler mon sein qui restait à découvert.

Il a pris de l'argile fine, pétrie dans l'eau fraîche et légère. Quand il l'a serrée sur ma peau, j'ai pensé défaillir tant cette terre était froide.

De mon sein moulé, il a fait une coupe, arrondie et ombiliquée. Il l'a mise sécher au au soleil et l'a peinte de pourpre et d'ocre en pressant des fleurs tout autour.

Puis nous sommes allés jusqu'à la fontaine qui est consacrée aux nymphes, et nous avons jeté la coupe dans le courant, avec des tiges de giroflées.

ROSES DANS LA NUIT

33

Dès que la nuit monte au ciel, le monde est à nous, et aux dieux. Nous allons des champs à la source, des bois obscurs aux clairières, où nous mènent nos pieds nus.

Les petites étoiles brillent assez pour les petites ombres que nous sommes. Quelquefois, sous les branches basses, nous trouvons des biches endormies.

Mais plus charmant la nuit que toute autre chose, il est un lieu connu de nous seuls et qui nous attire à travers la forêt : un buisson de roses mystérieuses.

Car rien n'est divin sur la terre à l'égal du parfum des roses dans la nuit. Comment se fait-il qu'au temps où j'étais seule je ne m'en sentais pas enivrée ?

LES REMORDS

34

D'abord je n'ai pas répondu, et j'avais la honte sur les joues, et les battements de mon cœur faisaient mal à mes seins.

Puis j'ai résisté, j'ai dit : « Non. Non. » J'ai tourné la tête en arrière et le baiser n'a pas franchi mes lèvres, ni l'amour mes genoux serrés.

Alors il m'a demandé pardon, il m'a embrassé les cheveux, j'ai senti son haleine brûlante, et il est parti... Maintenant je suis seule.

Je regarde la place vide, le bois désert, la terre foulée. Et je mords mes poings jusqu'au sang et j'étouffe mes cris dans l'herbe

LE SOMMEIL INTERROMPU

35

Toute seule je m'étais endormie, comme une perdrix dans la bruyère. Le vent léger, le bruit des eaux, la douceur de la nuit m'avaient retenue là.

Je me suis endormie, imprudente, et je me suis réveillée en criant, et j'ai lutté, et j'ai pleuré ; mais déjà il était trop tard. Et que peuvent les bras d'une fille ?

Il ne me quitta pas. Au contraire, plus tendrement dans ses bras, il me serra contre lui et je ne vis plus au monde ni la terre ni les arbres mais seulement la lueur de ses yeux...

A toi, Kypris victorieuse, je consacre ces offrandes encore mouillées de rosée, vestiges des douleurs de la vierge, témoins de mon sommeil et de ma résistance.

AUX LAVEUSES

36

Laveuses, ne dites pas que vous m'avez vue ! Je me confie à vous ; ne le répétez pas ! Entre ma tunique et mes seins je vous apporte quelque chose.

Je suis comme une petite poule effrayée... Je ne sais pas si j'oserai vous dire... Mon cœur bat comme si je mourais... C'est un voile que je vous apporte.

Un voile et les rubans de mes jambes. Vous voyez : il y a du sang. Par l'Apollôn c'est malgré moi ! Je me suis bien défendue ; mais l'homme qui aime est plus fort que nous.

Lavez-les bien ; n'épargnez ni le sel ni la craie. Je mettrai quatre oboles pour vous aux pieds de l'Aphroditê ; et même une drachme d'argent.

CHANSON

37

Quand il est revenu, je me suis caché la figure avec les deux mains. Il m'a dit : « Ne crains rien. Qui a vu notre baiser ? — Qui nous a vus ? la nuit et la lune,

« Et les étoiles et la première aube. La lune s'est mirée au lac et l'a dit à l'eau sous les saules. L'eau du lac l'a dit à la rame.

« Et la rame l'a dit à la barque et la barque l'a dit au pêcheur. Hélas, hélas ! si c'était tout ! Mais le pêcheur l'a dit à une femme.

« Le pêcheur l'a dit à une femme : mon père et ma mère et mes sœurs, et toute la Hellas le saura. »

BILITIS

38

Une femme s'enveloppe de laine blanche. Une autre se vêt de soie et d'or. Une autre se couvre de fleurs, de feuilles vertes et de raisins.

Moi je ne saurais vivre que nue. Mon amant, prends-moi comme je suis : sans robe ni bijoux ni sandales voici Bilitis toute seule.

Mes cheveux sont noirs de leur noir et mes lèvres rouges de leur rouge. Mes boucles flottent autour de moi, libres et rondes comme des plumes.

Prends moi telle que ma mère m'a faite dans une nuit d'amour lointaine, et si je te plais ainsi n'oublie pas de me le dire.

LA PETITE MAISON

39

La petite maison où est son lit est la plus belle de la terre. Elle est faite avec des branches d'arbre, quatre murs de terre sèche et une chevelure de chaume.

Je l'aime, car nous y couchons depuis que les nuits sont fraîches; et plus les nuits sont fraîches, plus elles sont longues aussi. Au jour levant je me sens enfin lassée.

Le matelas est sur le sol; deux couvertures de laine noire enferment nos corps qui se réchauffent. Sa poitrine refoule mes seins. Mon cœur bat...

Il m'étreint si fort qu'il me brisera, pauvre petite fille que je suis; mais dès qu'il est en moi je ne sais plus rien du monde, et on me couperait les quatre membres sans me réveiller de ma joie.

LA LETTRE PERDUE

41

Hélas sur moi! j'ai perdu sa lettre. Je l'avais mise entre ma peau et mon strophion, sous la chaleur de mon sein. J'ai couru, elle sera tombée.

Je vais retourner sur mes pas : si quelqu'un la trouvait, on le dirait à ma mère et je serais fouettée devant mes sœurs moqueuses.

Si c'est un homme qui l'a trouvée il me la rendra; ou même, s'il veut me parler en secret je sais le moyen de la lui ravir.

Si c'est une femme qui l'a lue, ô Dzeus Gardien, protège-moi! car elle le dira à tout le monde, ou elle me prendra mon amant.

CHANSON

42

« La nuit est si profonde qu'elle entre dans mes yeux. — Tu ne verras pas le chemin. Tu te perdras dans la forêt.

— Le bruit des chutes d'eau remplit mes oreilles. — Tu n'entendrais pas la voix de ton amant même s'il était à vingt pas.

— L'odeur des fleurs est si forte que je défaille et vais tomber. — Tu ne le sentirais pas s'il croisait ton passage.

— Ah! il est bien loin d'ici, de l'autre côté de la montagne, mais je le vois et je l'entends et je le sens comme s'il me touchait. »

LE SERMENT

43

« Lorsque l'eau des fleuves remontera jusqu'aux sommets couverts de neiges ; lorsqu'on sèmera l'orge et le blé dans les sillons mouvants de la mer ;

« Lorsque les pins naîtront des lacs et les nénufars des rochers, lorsque le soleil deviendra noir, lorsque la lune tombera sur l'herbe.

« Alors, mais alors seulement, je prendrai une autre femme, et je t'oublierai, Bilitis, âme de ma vie, cœur de mon cœur. »

Il me l'a dit, il me l'a dit ! Que m'importe le reste du monde ! Où es-tu, bonheur insensé qui te compares à mon bonheur !

LA NUIT

44

C'est moi maintenant qui le recherche. Chaque nuit, très doucement, je quitte la maison, et je vais par une longue route, jusqu'à sa prairie, le regarder dormir.

Quelquefois je reste longtemps sans parler, heureuse de le voir seulement, et j'approche mes lèvres des siennes, pour ne baiser que son haleine.

Puis tout à coup je m'étends sur lui. Il se réveille dans mes bras, et il ne peut plus se relever car je lutte ! Il renonce, et rit, et m'étreint. Ainsi nous jouons dans la nuit.

… Première aube, ô clarté méchante, toi déjà ! En quel antre toujours nocturne, sur quelle prairie souterraine pourrons-nous si longtemps aimer, que nous perdions ton souvenir…

BERCEUSE

45

Dors : j'ai demandé à Sardes tes jouets, et tes vêtements à Babylone. Dors, tu es fille de Bilitis et d'un roi du soleil levant.

Les bois, ce sont les palais qu'on bâtit pour toi seule et que je t'ai donnés. Les troncs des pins, ce sont les colonnes ; les hautes branches, ce sont les voûtes.

Dors. Pour qu'il ne t'éveille pas, je vendrais le soleil à la mer. Le vent des ailes de la colombe est moins léger que ton haleine.

Fille de moi, chair de ma chair, tu diras quand tu ouvriras les yeux, si tu veux la plaine ou la ville, ou la montagne ou la lune, ou le cortège blanc des dieux.

LE TOMBEAU DES NAIADES

46

Le long du bois couvert de givre, je marchais ; mes cheveux devant ma bouche se fleurissaient de petits glaçons, et mes sandales étaient lourdes de neige fangeuse et tassée.

Il me dit : « Que cherches-tu ? — Je suis la trace du satyre. Ses petits pas fourchus alternent comme des trous dans un manteau blanc. » Il me dit : « Les satyres sont morts.

« Les satyres et les nymphes aussi. Depuis trente ans il n'a pas fait un hiver aussi terrible. La trace que tu vois est celle d'un bouc. Mais restons ici, où est leur tombeau. »

Et avec le fer de sa houe il cassa la glace de la source où jadis riaient les naïades. Il prenait de grands morceaux froids, et, les soulevant vers le ciel pâle, il regardait au travers.

ÉLÉGIES A MYTILÈNE

Εὐμορφοτέρα Μνασιδίκα τᾶς ἀπαλᾶς Γυριννῶς.

SAPPHÒ

AU VAISSEAU

47

Beau navire qui m'as menée ici, le long des côtes de l'Ionie, je t'abandonne aux flots brillants, et d'un pied léger je saute sur la grève.

Tu vas retourner au pays où la vierge est l'amie des nymphes. N'oublie pas de remercier les conseillères invisibles, et porte-leur en offrande ce rameau cueilli par mes mains.

Tu fus pin, et sur les montagnes, le vaste Nôtos enflammé agitait tes branches épineuses, tes écureuils et tes oiseaux.

Que le Boreus maintenant te guide, et te pousse mollement vers le port, nef noire escortée des dauphins au gré de la mer bienveillante.

PSAPPHA

48

Je me frotte les yeux... Il fait déjà jour, je crois. Ah! qui est auprès de moi?... une femme?... Par la Paphia, j'avais oublié... O Charites! que je suis honteuse.

Dans quel pays suis-je venue, et quelle est cette île-ci où l'on entend ainsi l'amour? Si je n'étais pas ainsi lassée, je croirais à quelque rêve... Est-il possible que ce soit là Psappha!

Elle dort... Elle est certainement belle, bien que ses cheveux soient coupés comme ceux d'un athlète. Mais cet étrange visage, cette poitrine virile et ces hanches étroites...

Je veux m'en aller avant qu'elle ne s'éveille. Hélas! je suis du côté du mur. Il me faudra l'enjamber. J'ai peur de frôler sa hanche et qu'elle ne me reprenne au passage.

LA DANSE DE GLOTTIS ET DE KYSÉ

49

Deux petites filles m'ont emmenée chez elles, et dès que la porte fut fermée, elles allumèrent au feu la mèche de la lampe et voulurent danser pour moi.

Leurs joues n'étaient pas fardées, aussi brunes que leurs petits ventres. Elles se tiraient par les bras et parlaient en même temps, dans une agonie de gaieté.

Assises sur leur matelas que portaient deux tréteaux élevés, Glôttis chantait à voix aiguë et frappait en mesure ses petites mains sonores.

Kysé dansait par saccades, puis s'arrêtait, essoufflée par le rire, et, prenant sa sœur par les seins, la mordait à l'épaule et la renversait, comme une chèvre qui veut jouer.

LES CONSEILS

50

Alors Syllikhmas est entrée, et nous voyant si familières, elle s'est assise sur le banc. Elle a pris Glôttis sur son genou, Kysé sur l'autre et elle a dit :

« Viens ici, petite. » Mais je restais loin. Elle reprit : « As-tu peur de nous ? Approche-toi : ces enfants t'aiment. Elles t'apprendront ce que tu ignores : le miel des caresses de la femme.

« L'homme est violent et paresseux. Tu le connais, sans doute. Hais-le. Il a la poitrine plate, la peau rude, les cheveux ras, les bras velus. Mais les femmes sont toutes belles.

« Les femmes seules savent aimer ; reste avec nous, Bilitis, reste. Et si tu as une âme ardente, tu verras ta beauté comme dans un miroir sur le corps de tes amoureuses. »

L'INCERTITUDE

51

De Glôttis ou de Kysé je ne sais qui j'épouserai. Comme elles ne se ressemblent pas, l'une ne me consolerait pas de l'autre et j'ai peur de mal choisir.

Chacune d'elles a l'une de mes mains, l'une de mes mamelles aussi. Mais à qui donnerai-je ma bouche ? à qui donnerai-je mon cœur et tout ce qu'on ne peut partager ?

Nous ne pouvons rester ainsi toutes les trois dans la même maison. On en parle dans Mytilène. Hier, devant le temple d'Arès, une femme ne m'a pas dit : « Salut ! »

C'est Glôttis que je préfère ; mais je ne puis répudier Kysé. Que deviendrait-elle toute seule ? Les laisserai-je ensemble comme elles étaient et prendrai-je une autre amie ?

LA RENCONTRE

52

Je l'ai trouvée comme un trésor, dans un champ, sous un buisson de myrte, enveloppée de la gorge aux pieds dans un péplos jaune brodé de bleu.

« Je n'ai pas d'amie, m'a-t-elle dit ; car la ville la plus proche est à quarante stades d'ici. Je vis seule avec ma mère qui est veuve et toujours triste. Si tu veux, je te suivrai.

« Je te suivrai jusqu'à ta maison, fût-elle de l'autre côté de l'île et je vivrai chez toi jusqu'à ce que tu me renvoies. Ta main est tendre, tes yeux sont bleus.

« Partons. Je n'emporte rien avec moi, que la petite Aphrodité qui est pendue à mon collier. Nous la mettrons près de la tienne, et nous leur donnerons des roses en récompense de chaque nuit. »

LA PETITE APHRODITE
DE TERRE CUITE

53

La petite Aphrodité gardienne qui protège Mnasidika fut modelée à Camiros par un potier fort habile. Elle est grande comme le pouce, et de terre fine et jaune.

Ses cheveux retombent et s'arrondissent sur ses épaules étroites. Ses yeux sont longuement fendus et sa bouche est toute petite. Car elle est la Très-Belle.

De la main droite, elle désigne sa divinité, qui est criblée de petits trous sur le bas-ventre et le long des aines. Car elle est la Très-Amoureuse.

Du bras gauche elle soutient ses mamelles pesantes et rondes. Entre ses hanches élargies se gonfle un ventre fécondé. Car elle est la Mère-de-toutes-choses.

LE DÉSIR

54

Elle entra, et passionnément, les yeux fermés à demi, elle unit ses lèvres aux miennes et nos langues se connurent... Jamais il n'y eut dans ma vie un baiser comme celui-là.

Elle était debout contre moi, toute en amour et consentante. Un de mes genoux, peu à peu, montait entre ses cuisses chaudes qui cédaient comme pour un amant.

Ma main rampante sur sa tunique cherchait à deviner le corps dérobé, qui tour à tour onduleux se pliait, ou cambré se raidissait avec des frémissements de la peau.

De ses yeux en délire elle désignait le lit; mais nous n'avions pas le droit d'aimer avant la cérémonie des noces, et nous nous séparâmes brusquement.

LES NOCES

55

Le matin, on fit le repas de noces, dans la maison d'Acalanthis qu'elle avait adoptée pour mère. Mnasidika portait le voile blanc et moi la tunique virile.

Et ensuite, au milieu de vingt femmes, elle a mis ses robes de fête. On l'a parfumée de bakkaris, on l'a poudrée de poudre d'or, on lui a ôté ses bijoux.

Dans sa chambre pleine de feuillages, elle m'a attendue comme un époux. Et je l'ai emmenée sur un char, entre moi et la nymphagogue, et les passants nous acclamaient.

On a chanté le chant nuptial; les flûtes ont chanté aussi. J'ai emporté Mnasidika sous les épaules et sous les genoux, et nous avons passé le seuil couvert de roses.

LE PASSÉ QUI SURVIT

57

Je laisserai le lit comme elle l'a laissé, défait et rompu, les draps mêlés, afin que la forme de son corps reste empreinte à côté du mien.

Jusqu'à demain je n'irai pas au bain, je ne porterai pas de vêtements et je ne peignerai pas mes cheveux, de peur d'effacer les caresses.

Ce matin, je ne mangerai pas, ni ce soir, et sur mes lèvres je ne mettrai ni rouge ni poudre, afin que son baiser demeure.

Je laisserai les volets clos et je n'ouvrirai pas la porte, de peur que le souvenir resté ne s'en aille avec le vent.

LA MÉTAMORPHOSE

58

Je fus jadis amoureuse de la beauté des jeunes hommes, et le souvenir de leurs paroles, jadis, me tint éveillée.

Je me souviens d'avoir gravé un nom dans l'écorce d'un platane. Je me souviens d'avoir laissé un morceau de ma tunique dans un chemin où passait quelqu'un.

Je me souviens d'avoir aimé... O Pannychis, mon enfant, en quelles mains t'ai-je laissée ? comment, ô malheureuse, t'ai-je abandonnée ?

Aujourd'hui Mnasidika seule, et pour toujours, me possède. Qu'elle reçoive en sacrifice le bonheur de ceux que j'ai quittés pour elle.

LE TOMBEAU SANS NOM

59

Mnasidika m'ayant prise par la main me mena hors des portes de la ville, jusqu'à un petit champ inculte où il y avait une stèle de marbre. Et elle me dit : « Celle-ci fut l'amie de ma mère. »

Alors je sentis un grand frisson, et sans cesser de lui tenir la main, je me penchai sur son épaule, afin de lire les quatre vers entre la coupe creuse et le serpent :

« Ce n'est pas la mort qui m'a enlevée, mais les Nymphes des fontaines. Je repose ici sous une terre légère avec la chevelure coupée de Xantho. Qu'elle seule me pleure. Je ne dis pas mon nom. »

Longtemps nous sommes restées debout, et nous n'avons pas versé la libation. Car comment appeler une âme inconnue d'entre les foules de l'Hadès?

LES TROIS BEAUTÉS DE MNASIDIKA

60

Pour que Mnasidika soit protégée des dieux, j'ai sacrifié à l'Aphrodita-qui-aime-les-sourires, deux lièvres mâles et deux colombes.

Et j'ai sacrifié à l'Arès deux coqs armés pour la lutte et à la sinistre Hékata deux chiens qui hurlaient sous le couteau.

Et ce n'est pas sans raison que j'ai imploré ces trois Immortels, car Mnasidika porte sur son visage le reflet de leur triple divinité :

Ses lèvres sont rouges comme le cuivre, ses cheveux bleuâtres comme le fer, et ses yeux noirs, comme l'argent.

L'ANTRE DES NYMPHES

61

Tes pieds sont plus délicats que ceux de Thétis argentine. Entre tes bras croisés tu réunis tes seins, et tu les berces mollement comme deux beaux corps de colombes.

Sous tes cheveux tu dissimules tes yeux mouillés, ta bouche tremblante et les fleurs rouges de tes oreilles ; mais rien n'arrêtera mon regard ni le souffle chaud du baiser.

Car, dans le secret de ton corps, c'est toi, Mnasidika aimée, qui recèles l'antre des nymphes dont parle le vieil Homêros, le lieu où les naïades tissent des linges de pourpre,

Le lieu où coulent, goutte à goutte, des sources intarissables, et d'où la porte du Nord laisse descendre les hommes et où la porte du Sud laisse entrer les Immortels.

LES SEINS DE MNASIDIKA

62

Avec soin, elle ouvrit d'une main sa tunique et me tendit ses seins tièdes et doux, ainsi qu'on offre à la déesse une paire de tourterelles vivantes.

« Aime-les bien, me dit-elle; je les aime tant ! Ce sont des chéris, des petits enfants. Je m'occupe d'eux quand je suis seule. Je joue avec eux; je leur fais plaisir.

« Je les lave avec du lait. Je les poudre avec des fleurs. Mes cheveux fins qui les essuient sont chers à leurs petits bouts. Je les caresse en frissonnant. Je les couche dans de la laine.

« Puisque je n'aurai jamais d'enfants, sois leur nourrisson, mon amour; et, puisqu'ils sont si loin de ma bouche, donne-leur des baisers de ma part. »

LA POUPEE

64

Je lui ai donné une poupée, une poupée de cire aux joues roses. Ses bras sont attachés par de petites chevilles, et ses jambes elles-mêmes se plient.

Quand nous sommes ensemble elle la couche entre nous et c'est notre enfant. Le soir elle la berce et lui donne le sein avant de l'endormir.

Elle lui a tissé trois petites tuniques, et nous lui donnons des bijoux le jour des Aphrodisies, des bijoux et des fleurs aussi.

Elle a soin de sa vertu et ne la laisse pas sortir sans elle; pas au soleil, surtout, car la petite poupée fondrait en gouttes de cire.

TENDRESSES

65

Ferme doucement tes bras, comme une ceinture, sur moi. O touche, ô touche ma peau ainsi! Ni l'eau ni la brise de midi ne sont plus douces que ta main.

Aujourd'hui chéris-moi, petite sœur, c'est ton tour. Souviens-toi des tendresses que je t'ai apprises la nuit dernière, et près de moi qui suis lasse agenouille-toi sans parler.

Tes lèvres descendent de mes lèvres. Tous tes cheveux défaits les suivent, comme la caresse suit le baiser. Ils glissent sur mon sein gauche; ils me cachent tes yeux.

Donne-moi ta main. Qu'elle est chaude! Serre la mienne, ne la quitte pas. Les mains mieux que les bouches s'unissent, et leur passion ne s'égale à rien.

JEUX

66

Plus que ses balles ou sa poupée, je suis pour elle un jouet. De toutes les parties de mon corps elle s'amuse comme une enfant, pendant de longues heures, sans parler.

Elle défait ma chevelure et la reforme selon son caprice, tantôt nouée sous le menton comme une étoffe épaisse, ou tordue en chignon ou tressée jusqu'au bout.

Elle regarde avec étonnement la couleur de mes cils, le pli de mon coude. Parfois elle me fait mettre à genoux et poser les mains sur les draps ;

Alors (et c'est un de ses jeux) elle glisse sa petite tête par-dessous et imite le chevreau tremblant qui s'allaite au ventre de sa mère.

PÉNOMBRE

68

Sous le drap de laine transparent nous nous sommes glissées, elle et moi. Même nos têtes étaient blotties, et la lampe éclairait l'étoffe au-dessus de nous.

Ainsi je voyais son corps chéri dans une mystérieuse lumière. Nous étions plus près l'une de l'autre, plus libres, plus intimes, plus nues. « Dans la même chemise, » disait-elle.

Nous étions restées coiffées pour être encore plus découvertes, et dans l'air étroit du lit, deux odeurs de femmes montaient, des deux cassolettes naturelles.

Rien au monde, pas même la lampe, ne nous a vues cette nuit-là. Laquelle de nous fut aimée, elle seule et moi le pourrions dire. Mais les hommes n'en sauront rien.

LA DORMEUSE

69

Elle dort dans ses cheveux défaits, les mains mêlées derrière la nuque. Rêve-t-elle ? Sa bouche est ouverte ; elle respire doucement.

Avec un peu de cygne blanc, j'essuie, mais sans l'éveiller, la sueur de ses bras, la fièvre de ses joues. Ses paupières fermées sont deux fleurs bleues.

Tout doucement je vais me lever ; j'irai puiser l'eau, traire la vache et demander du feu aux voisins. Je veux être frisée et vêtue quand elle ouvrira les yeux.

Sommeil, demeure encore longtemps entre ses beaux cils recourbés et continue la nuit heureuse par un songe de bon augure.

LE BAISER

70

Je baiserai d'un bout à l'autre les longues ailes noires de ta nuque, ô doux oiseau, colombe prise dont le cœur bondit sous ma main.

Je prendrai ta bouche dans ma bouche comme un enfant prend le sein de sa mère. Frissonne!... car le baiser pénètre profondément et suffirait à l'amour.

Je promènerai mes lèvres comme du feu, sur tes bras, autour de ton cou, et je ferai tourner sur tes côtes chatouilleuses la caresse étirante des ongles.

Ecoute bruire en ton oreille toute la rumeur de la mer... Mnasidika! ton regard m'importune. J'enfermerai dans mon baiser tes paupières frêles et brûlantes.

LES SOINS JALOUX

71

Il ne faut pas que tu te coiffes, de peur que le fer trop chaud ne brûle ta nuque ou tes cheveux. Tu les laisseras sur tes épaules et répandus le long de tes bras.

Il ne faut pas que tu t'habilles, de peur qu'une ceinture ne rougisse les plis effilés de ta hanche. Tu resteras nue comme une petite fille.

Même il ne faut pas que tu te lèves, de peur que tes pieds fragiles ne s'endolorissent en marchant. Tu reposeras au lit, ô victime d'Erôs, et je panserai ta pauvre plaie.

Car je ne veux voir sur ton corps d'autres marques, Mnasidika, que la tache d'un baiser trop long, l'égratignure d'un ongle aigu, ou la barre pourprée de mon étreinte.

L'ÉTREINTE ÉPERDUE

72

Aime-moi, non pas avec des sourires, des flûtes ou des fleurs tressées, mais avec ton cœur et tes larmes, comme je t'aime avec ma poitrine et avec mes gémissements.

Quand tes seins s'alternent à mes seins, quand je sens ta vie contre ma vie, quand tes genoux se dressent derrière moi, alors ma bouche haletante ne sait même plus trouver la tienne.

Etreins-moi comme je t'étreins ! Vois, la lampe vient de mourir, nous roulons dans la nuit ; mais je presse ton corps brûlant et j'entends ta plainte perpétuelle...

Gémis ! gémis ! gémis ! ô femme ! Erôs nous traîne dans la douleur. Tu souffrirais moins sur ce lit pour mettre un enfant au monde que pour accoucher de ton amour.

LE CŒUR

74

Haletante, je lui pris la main et je l'appliquai fortement sous la peau moite de mon sein gauche. Et je tournais la tête ici et là et je remuais les lèvres sans parler.

Mon cœur affolé, brusque et dur, battait et battait ma poitrine, comme un satyre emprisonné heurterait, ployé dans une outre. Elle me dit : « Ton cœur te fait mal... »

« O Mnasidika, répondis-je, le cœur des femmes n'est pas là. Celui-ci est un pauvre oiseau, une colombe qui remue ses ailes faibles. Le cœur des femmes est plus terrible.

« Semblable à une petite baie de myrte, il brûle dans la flamme rouge et sous une écume abondante. C'est là que je me sens mordue par la vorace Aphroditè. »

PAROLES DANS LA NUIT

75

Nous reposons, les yeux fermés ; le silence est grand autour de notre couche. Nuits ineffables de l'été ! Mais elle, qui me croit endormie, pose sa main chaude sur mon bras

Elle murmure : « Bilitis, tu dors ? » Le cœur me bat, mais sans répondre, je respire régulièrement comme une femme couchée dans les rêves. Alors elle commence à parler :

« Puisque tu ne m'entends pas, dit-elle, ah ! que je t'aime ! » Et elle répète mon nom. « Bilitis... Bilitis... » Et elle m'effleure du bout de ses doigts tremblants :

« C'est à moi, cette bouche ! à moi seule ! Y en a-t-il une plus belle au monde ? Ah ! mon bonheur, mon bonheur ! C'est à moi ces bras nus, cette nuque et ces cheveux... »

L'ABSENCE

76

Elle est sortie, elle est loin, mais je la vois, car tout est plein d'elle dans cette chambre, tout lui appartient, et moi comme le reste.

Ce lit encore tiède où je laisse errer ma bouche, est foulé à la mesure de son corps. Dans ce coussin tendre a dormi sa petite tête enveloppée de cheveux.

Ce bassin est celui où elle s'est lavée; ce peigne a pénétré les nœuds de sa chevelure emmêlée. Ces pantoufles prirent ses pieds nus. Ces poches de gaze continrent ses seins.

Mais ce que je n'ose toucher du doigt, c'est ce miroir où elle a vu ses meurtrissures toutes chaudes, et où subsiste peut-être encore le reflet de ses lèvres mouillées.

L'AMOUR

77

Hélas, si je pense à elle, ma gorge se dessèche, ma tête retombe, mes seins durcissent et me font mal, je frissonne et je pleure en marchant.

Si je la vois, mon cœur s'arrête, mes mains tremblent, mes pieds se glacent, une rougeur de feu monte à mes joues, mes tempes battent douloureusement.

Si je la touche, je deviens folle, mes bras se raidissent, mes genoux défaillent. Je tombe devant elle, et je me couche comme une femme qui va mourir.

De tout ce qu'elle me dit je me sens blessée. Son amour est une torture et les passants entendent mes plaintes... Hélas! Comment puis-je l'appeler Bien-Aimée?

LA PURIFICATION

78

Te voilà ! défais tes bandelettes, et tes agrafes et ta tunique. Ote jusqu'à tes sandales, jusqu'aux rubans de tes jambes, jusqu'à la bande de ta poitrine.

Lave le noir de tes sourcils, et le rouge de tes lèvres. Efface le blanc de tes épaules et défrise tes cheveux dans l'eau.

Car je veux t'avoir toute pure, telle que tu naquis sur le lit, aux pieds de ta mère féconde et devant ton père glorieux,

Si chaste que ma main dans ta main te fera rougir jusqu'à la bouche, et qu'un mot de moi sous ton oreille affolera tes yeux tournoyants.

LA BERCEUSE DE MNASIDIKA

79

Ma petite enfant, si peu d'années que j'ai
de plus que toi-même, je t'aime, non pas
comme une amante, mais comme si tu étais
sortie de mes entrailles laborieuses.

Lorsque étendue sur mes genoux, tes deux
bras frêles autour de moi, tu cherches mon
sein, la bouche tendue, et me tettes avec
lenteur entre tes lèvres palpitantes,

Alors je rêve qu'autrefois, j'ai allaité réellement cette bouche douillette, souple et
baignée, ce vase myrrhin couleur de pourpre
où le bonheur de Bilitis est mystérieusement
enfermé.

Dors. Je te bercerai d'une main sur mon
genou qui se lève et s'abaisse. Dors ainsi. Je
chanterai pour toi les petites chansons lamentables qui endorment les nouveaux-nés...

PROMENADE AU BORD DE LA MER

80

Comme nous marchions sur la plage, sans parler, et enveloppées jusqu'au menton dans nos robes de laine sombre, des jeunes filles joyeuses ont passé.

« Ah! c'est Bilitis et Mnasidika! Voyez, le beau petit écureuil que nous avons pris : il est doux comme un oiseau et effaré comme un lapin.

« Chez Lydé nous le mettrons en cage et nous lui donnerons beaucoup de lait avec des feuilles de salade. C'est une femelle, elle vivra longtemps. »

Et les folles sont parties en courant. Pour nous, sans parler nous nous sommes assises, moi sur une roche, elle sur le sable, et nous avons regardé la mer.

L'OBJET

81

« Salut, Bilitis, Mnasidika, salut. — Assieds-toi. Comment va ton mari ? — Trop bien. Ne lui dites pas que vous m'avez vue. Il me tuerait s'il me savait ici. — Sois sans crainte.

— Et voilà votre chambre ? et voilà votre lit ? Pardonne-moi. Je suis curieuse. — Tu connais cependant le lit de Myrrhinê. — Si peu. — On la dit jolie. — Et lascive, ô ma chère ! mais taisons-nous.

— Que voulais-tu de moi ? — Que tu me prêtes... — Parle. — Je n'ose nommer l'objet. — Nous n'en avons pas. — Vraiment ? — Mnasidika est vierge. — Alors, où en acheter ? — Chez le cordonnier Drakhôn.

— Dis aussi : qui te vend ton fil à broder ? Le mien se casse dès qu'on le regarde. — Je le fais moi-même, mais Naïs en vend d'excellent. — A quel prix ? — Trois oboles. — C'est cher. Et l'objet ? — Deux drachmes — Adieu. »

SOIR PRES DU FEU

82

L'hiver est dur, Mnasidika. Tout est froid, hors notre lit. Lève-toi, cependant, viens avec moi, car j'ai allumé un grand feu avec des souches mortes et du bois fendu.

Nous nous chaufferons accroupies, toutes nues, nos cheveux sur le dos, et nous boirons du lait dans la même coupe et nous mangerons des gâteaux au miel.

Comme la flamme est sonore et gaie! N'es-tu pas trop près? Ta peau devient rouge. Laisse-moi la baiser partout où le feu l'a faite brûlante.

Au milieu des tisons ardents je vais chauffer le fer et te coiffer ici. Avec les charbons éteints j'écrirai ton nom sur le mur.

PRIÈRES

83

Que veux-tu ? dis-le. S'il le faut, je vendrai mes derniers bijoux pour qu'une esclave attentive guette le désir de tes yeux, la soif quelconque de tes lèvres.

Si le lait de nos chèvres te semble fade, je louerai pour toi, comme pour un enfant, une nourrice aux mamelles gonflées qui chaque matin t'allaitera.

Si notre lit te semble rude, j'achèterai tous les coussins mous, toutes les couvertures de soie, tous les draps fourrés de plumes des marchandes amathusiennes.

Tout. Mais il faut que je te suffise, et si nous dormions sur la terre, il faut que la terre te soit plus douce que le lit chaud d'une étrangère.

LES YEUX

84

Larges yeux de Mnasidika, combien vous me rendez heureuse quand l'amour noircit vos paupières et vous anime et vous noie sous les larmes ;

Mais combien folle, quand vous vous détournez ailleurs, distraits par une femme qui passe ou par un souvenir qui n'est pas le mien.

Alors mes joues se creusent, mes mains tremblent et je souffre... Il me semble que de toutes parts, et devant vous ma vie s'en va.

Larges yeux de Mnasidika, ne cessez pas de me regarder ! ou je vous trouerai avec mon aiguille et vous ne verrez plus que la nuit terrible.

LES FARDS

85

Tout, et ma vie, et le monde, et les hommes, tout ce qui n'est pas elle n'est rien. Tout ce qui n'est pas elle, je te le donne, passant.

Sait-elle que de travaux j'accomplis pour être belle à ses yeux, par ma coiffure et par mes fards, par mes robes et mes parfums ?

Aussi longtemps je tournerais la meule, je ferais plonger la rame ou je bêcherais la terre, s'il fallait à ce prix la retenir ici.

Mais faites qu'elle ne l'apprenne jamais, Déesses qui veillez sur nous ! Le jour où elle saura que je l'aime elle cherchera une autre femme.

LE SILENCE DE MNASIDIKA

86

Elle avait ri toute la journée, et même elle s'était un peu moquée de moi. Elle avait refusé de m'obéir, devant plusieurs femmes étrangères.

Quand nous sommes rentrées, j'ai affecté de ne pas lui parler, et comme elle se jetait à mon cou, en disant : « Tu es fâchée ? » je lui ai dit :

« Ah ! tu n'es plus comme autrefois, tu n'es plus comme le premier jour. Je ne te reconnais plus, Mnasidika. » Elle ne m'a rien répondu ;

Mais elle a mis tous ses bijoux qu'elle ne portait plus depuis longtemps, et la même robe jaune brodée de bleu que le jour de notre rencontre.

SCÈNE

87

« Où étais-tu ? — Chez la marchande de fleurs. J'ai acheté des iris très beaux. Les voici, je te les apporte. — Pendant si longtemps tu as acheté quatre fleurs ? — La marchande m'a retenue.

— Tu as les joues pâles et les yeux brillants. — C'est la fatigue de la route. — Tes cheveux sont mouillés et mêlés. — C'est la chaleur et c'est le vent qui m'ont toute décoiffée.

— On a dénoué ta ceinture. J'avais fait le nœud moi-même, plus lâche que celui-ci. — Si lâche qu'elle s'est défaite ; un esclave qui passait me l'a renouée.

— Il y a une trace à ta robe. — C'est l'eau des fleurs qui est tombée. — Mnasidika, ma petite âme, tes iris sont les plus beaux qu'il y ait dans tout Mytilène — Je le sais bien, je le sais bien. »

ATTENTE

88

Le soleil a passé toute la nuit chez les morts depuis que je l'attends, assise sur mon lit, lasse d'avoir veillé. La mèche de la lampe épuisée a brûlé jusqu'à la fin.

Elle ne reviendra plus : voici la dernière étoile. Je sais bien qu'elle ne viendra plus. Je sais même le nom que je hais. Et cependant j'attends encore.

Qu'elle vienne maintenant ! oui, qu'elle vienne, la chevelure défaite et sans roses, la robe souillée, tachée, froissée, la langue sèche et les paupières noires !

Dès qu'elle ouvrira la porte, je lui dirai... mais la voici... C'est sa robe que je touche, ses mains, ses cheveux, sa peau. Je l'embrasse d'une bouche éperdue, et je pleure.

LA SOLITUDE

89

Pour qui maintenant farderais-je mes lèvres? Pour qui polirais-je mes ongles? Pour qui parfumerais-je mes cheveux?

Pour qui mes seins poudrés de rouge, s'ils ne doivent plus la tenter? Pour qui mes bras lavés de lait s'ils ne doivent plus jamais l'étreindre?

Comment pourrais-je dormir? Comment pourrais-je me coucher? Ce soir ma main, dans tout mon lit, n'a pas trouvé sa main chaude.

Je n'ose plus rentrer chez moi, dans la chambre affreusement vide. Je n'ose plus rouvrir la porte. Je n'ose même plus rouvrir les yeux.

LETTRE

90

Cela est impossible, impossible. Je t'en supplie à genoux, avec larmes, toutes les larmes que j'ai pleurées sur cette horrible lettre, ne m'abandonne pas ainsi.

Songes-tu combien c'est affreux de te reperdre à jamais pour la seconde fois, après avoir eu l'immense joie d'espérer te reconquérir. Ah! mes amours! ne sentez-vous donc pas à quel point je vous aime!

Écoute-moi. Consens à me revoir encore une fois. Veux-tu être demain, au soleil couchant, devant ta porte? Demain, ou le jour suivant. Je viendrai te prendre. Ne me refuse pas cela.

La dernière fois peut-être, soit, mais encore cette fois, encore cette fois! Je te le demande, je te le crie, et songe que de ta réponse dépend le reste de ma vie.

LA TENTATIVE

91

Tu étais jalouse de nous, Gyrinno, fille trop ardente. Que de bouquets as-tu fait suspendre au marteau de notre porte ! Tu nous attendais au passage et tu nous suivais dans la rue.

Maintenant tu es selon tes vœux, étendue à la place aimée, et la tête sur ce coussin où flotte une autre odeur de femme. Tu es plus grande qu'elle n'était. Ton corps différent m'étonne.

Regarde, je t'ai enfin cédé. Oui, c'est moi. Tu peux jouer avec mes seins, caresser ma hanche, ouvrir mes genoux. Mon corps tout entier s'est livré à tes lèvres infatigables, — hélas !

Ah ! Gyrinno ! avec l'amour mes larmes aussi débordent ! Essuie-les avec tes cheveux, ne les baise pas, ma chérie ; et enlace moi de plus près encore pour maîtriser mes tremblements.

L'EFFORT

92

Encore! assez de soupirs et de bras étirés! Recommence! Penses-tu donc que l'amour soit un délassement? Gyrinno, c'est une tâche, et de toutes la plus rude.

Réveille-toi! Il ne faut pas que tu dormes! Que m'importent tes paupières bleues et la barre de douleur qui brûle tes jambes maigres. Astarté bouillonne dans mes reins.

Nous nous sommes couchées avant le crépuscule. Voici déjà la mauvaise aurore; mais je ne suis pas lasse pour si peu. Je ne dormirai pas avant le second soir.

Je ne dormirai pas: il ne faut pas que tu dormes. Oh! comme la saveur du matin est amère! Gyrinno, appprécie-la. Les baisers sont plus difficiles, mais plus étranges, et plus lents.

A GYRINNÔ

94

Ne crois pas que je t'aie aimée. Je t'ai mangée comme une figue mûre, je t'ai bue comme une eau ardente, je t'ai portée autour de moi comme une ceinture de peau.

Je me suis amusée de ton corps, parce que tu as les cheveux courts, les seins en pointe sur ton corps maigre, et les mamelons noirs comme deux petites dattes.

Comme il faut de l'eau et des fruits, une femme aussi est nécessaire, mais déjà je ne sais plus ton nom, toi qui as passé dans mes bras comme l'ombre d'une autre adorée.

Entre ta chair et la mienne, un rêve brûlant m'a possédée. Je te serrais sur moi comme sur une blessure et je criais : Mnasidika ! Mnasidika ! Mnasidika !

LE DERNIER ESSAI

95

« Que veux-tu, vieille ? — Te consoler. — C'est peine perdue. — On m'a dit que depuis ta rupture, tu allais d'amour en amour sans trouver l'oubli ni la paix. Je viens te proposer quelqu'un.

— Parle. — C'est une jeune esclave née à Sardes. Elle n'a pas sa pareille au monde, car elle est à la fois homme et femme, bien que sa poitrine et ses longs cheveux et sa voix claire fassent illusion.

— Son âge ? — Seize ans. — Sa taille ? — Grande. Elle n'a connu personne ici, hors Psappha qui en est éperdument amoureuse et a voulu me l'acheter vingt mines. Si tu la loues, elle est à toi. — Et qu'en ferai-je ?

Voici vingt-deux nuits que j'essaye en vain d'échapper au souvenir… Soit, je prendrai celle-ci encore, mais préviens la pauvre petite, pour qu'elle ne s'effraye point si je sanglote dans ses bras. »

LE SOUVENIR DÉCHIRANT

96

Je me souviens... (à quelle heure du jour ne l'ai-je pas devant mes yeux?) je me souviens de la façon dont Elle soulevait ses cheveux avec ses faibles doigts si pâles.

Je me souviens d'une nuit qu'elle passa, la joue sur mon sein, si doucement, que le bonheur me tint éveillée, et le lendemain elle avait au visage la marque de la papille ronde.

Je la vois tenant sa tasse de lait et me regardant de côté, avec un sourire. Je la vois, poudrée et coiffée, ouvrant ses grands yeux devant son miroir, et retouchant du doigt le rouge de ses lèvres.

Et surtout, si mon désespoir est une perpétuelle torture, c'est que je sais, instant par instant, comment elle défaille dans les bras de l'autre, et ce qu'elle lui demande et ce qu'elle lui donne.

A LA POUPÉE DE CIRE

97

Poupée de cire, jouet chéri qu'elle appelait son enfant, elle t'a laissée toi aussi et elle t'oublie comme moi, qui fus avec elle ton père ou ta mère, je ne sais.

La pression de ses lèvres avaient déteint tes petites joues ; et à ta main gauche voici ce doigt cassé qui la fit tant pleurer. Cette petite cyclas que tu portes, c'est elle qui te l'a brodée.

A l'entendre, tu savais déjà lire. Pourtant tu n'étais pas sevrée, et le soir, penchée sur toi, elle ouvrait sa tunique et te donnait le sein, « afin que tu ne pleures pas », disait-elle.

Poupée, si je voulais la revoir, je te donnerais à l'Aphrodité, comme le plus cher de mes cadeaux. Mais je veux penser qu'elle est tout à fait morte.

CHANT FUNÈBRE

98

Chantez un chant funèbre, muses Mytiléniennes, chantez ! La terre est sombre comme un vêtement de deuil et les arbres jaunes frissonnent comme des chevelures coupées.

Héraïos ! ô mois triste et doux ! les feuilles tombent doucement comme la neige ; le soleil est plus pénétrant dans la forêt plus éclaircie. Je n'entends plus rien que le silence.

Voici qu'on a porté au tombeau Pittakos chargé d'années. Beaucoup sont morts, que j'ai connus. Et celle qui vit est pour moi comme si elle n'était plus.

Celui-ci est le dixième automne que j'ai vu mourir sur cette plaine. Il est temps aussi que je disparaisse. Pleurez avec moi, muses Mytiléniennes, pleurez sur mes pas !

III

ÉPIGRAMMES DANS L'ILE
DE CHYPRE

Ἀλλά με ναρκίσσοις ἀναδήσατε, καὶ πλαγιαύλων
γεύσατε καὶ κροκίνοις χρίσατε γυῖα μύροις.
Καὶ Μυτιληναίῳ τὸν πνεύμονα τέγξατε Βάκχῳ
καὶ συζεύξατε μοι φωλάδα παρθενικήν.

PHILODÈME.

HYMNE A ASTARTE

99

Mère inépuisable, incorruptible, créatrice, née la première, engendrée par toi-même, conçue de toi-même, issue de toi seule et qui te réjouis en toi, Astarté !

O perpétuellement fécondée, ô vierge et nourrice de tout, chaste et lascive, pure et jouissante, ineffable, nocturne, douce, respiratrice du feu, écume de la mer !

Toi qui accordes en secret la grâce, toi qui unis, toi qui aimes, toi qui saisis d'un furieux désir les races multipliées des bêtes sauvages, et joins les sexes dans les forêts,

O Astarté irrésistible, entends-moi, prends-moi, possède-moi, ô Lune ! et treize fois, chaque année, arrache à mes entrailles la la libation de mon sang !

HYMNE A LA NUIT

100

Les masses noires des arbres ne bougent pas plus que des montagnes. Les étoiles emplissent un ciel immense. Un air chaud comme un souffle humain caresse mes yeux et mes joues.

O Nuit qui enfantas les Dieux ! comme tu es douce sur mes lèvres ! comme tu es chaude dans mes cheveux ! comme tu entres en moi ce soir, et comme je me sens grosse de tout ton printemps !

Les fleurs qui vont fleurir vont toutes naître de moi. Le vent qui respire est mon haleine. Le parfum qui passe est mon désir. Toutes les étoiles sont dans mes yeux.

Ta voix, est-ce le bruit de la mer, est-ce le silence de la plaine ? Ta voix, je ne la comprends pas, mais elle me jette la tête aux pieds et mes larmes lavent mes deux mains.

LES MÉNADES

101

A travers les forêts qui dominent la mer, es Ménades se sont ruées. Maskhalé aux seins fougueux, hurlante, brandissait le phallos, qui était de bois de sycomore et barbouillé de vermillon.

Toutes, sous la bassaris et les couronnes de pampre, couraient et criaient et sautaient, les crotales claquaient dans les mains, et les thyrses crevaient la peau des tympanons retentissants.

Chevelures mouillées, jambes agiles, seins rougis et bousculés, sueur des joues, écume des lèvres, ô Dionysos, elles t'offraient en retour l'ardeur que tu jetais en elles !

Et le vent de la mer relevant vers le ciel les cheveux roux de Héliokomis, les tordait comme une flamme furieuse sur une torche de blanche cire.

LA MER DE KYPRIS

102

Sur le plus haut promontoire je me suis couchée en avant. La mer était noire comme un champ de violettes. La voie lactée ruisselait de la grande mamelle divine.

Mille Ménades autour de moi dormaient dans les fleurs déchirées. Les longues herbes se mêlaient aux chevelures. Et voici que le soleil naquit dans l'eau orientale.

C'étaient les mêmes flots et le même rivage qui virent un jour apparaître le corps blanc d'Aphrodita... Je cachai tout à coup mes yeux dans mes mains.

Car j'avais vu trembler sur l'eau mille petites lèvres de lumière : le sexe pur ou le sourire de Kypris Philommeïdès.

LES PRÊTRESSES DE L'ASTARTÉ

103

Les prêtresses de l'Astarté font l'amour au lever de la lune ; puis elles se relèvent et se baignent dans un bassin vaste aux margelles d'argent.

De leurs doigts recourbés, elles peignent leurs chevelures, et leurs mains teintes de pourpre, mêlées à leurs boucles noires, semblent des branches de corail dans une mer sombre et flottante.

Elles ne s'épilent jamais, pour que le triangle de la déesse marque leur ventre comme un temple ; mais elles se teignent au pinceau et se parfument profondément.

Les prêtresses de l'Astarté font l'amour au coucher de la lune ; puis dans une salle de tapis où brûle une haute lampe d'or, elles se couchent au hasard.

LES MYSTÈRES

104

Dans l'enceinte trois fois mystérieuse, où les hommes ne pénètrent pas, nous t'avons fêtée, Astarté de la Nuit, Mère du Monde, Fontaine de la vie des Dieux !

J'en révélerai quelque chose, mais pas plus qu'il n'est permis. Autour du Phallos couronné, cent vingt femmes se balançaient en criant. Les initiées étaient en habits d'hommes, les autres en tunique fendue.

Les fumées des parfums, les fumées des torches, flottaient entre nous comme des nuées. Je pleurais à larmes brûlantes. Toutes, aux pieds de la Berbeia nous nous sommes jetées sur le dos.

Enfin, quand l'Acte religieux fut consommé, et quand, dans le Triangle Unique on eut plongé le phallos pourpré, alors le mystère commença, mais je n'en dirai pas davantage.

LES COURTISANES ÉGYPTIENNES

105

Je suis allée avec Plango chez les courtisanes égyptiennes, tout en haut de la vieille ville. Elles ont des amphores de terre, des plateaux de cuivre et des nattes jaunes où elles s'accroupissent sans effort.

Leurs chambres sont silencieuses, sans angles et sans encoignures, tant les couches successives de chaux bleue ont émoussé les chapiteaux et arrondi le pied des murs.

Elles se tiennent immobiles, les mains posées sur les genoux. Quand elles offrent la bouillie elles murmurent : « Bonheur. » Et quand on les remercie, elles disent : « Grâce à toi. »

Elles comprennent le hellène et feignent de le parler mal pour se rire de nous dans leur langue ; mais nous, dent pour dent, nous parlons lydien et elles s'inquiètent tout à coup.

JE CHANTE MA CHAIR ET MA VIE

106

Certes je ne chanterai pas les amantes célèbres. Si elles ne sont plus, pourquoi en parler? Ne suis-je pas semblable à elles? N'ai-je pas trop de songer à moi-même?

Je t'oublierai, Pasiphaë, bien que ta passion fût extrême. Je ne te louerai pas, Syrinx ni toi, Byblis, ni toi, par la déesse entre toutes choisie, Hélênê aux bras blancs!

Si quelqu'un souffrit, je ne le sens qu'à peine. Si quelqu'un aima, j'aime davantage. Je chante ma chair et ma vie, et non pas l'ombre stérile des amoureuses enterrées.

Reste couché, ô mon corps, selon ta mission voluptueuse! Savoure la jouissance quotidienne et les passions sans lendemain. Ne laisse pas une joie inconnue aux regrets du jour de ta mort.

LES PARFUMS

107

Je me parfumerai toute la peau pour attirer les amants. Sur mes belles jambes, dans un bassin d'argent, je verserai du nard de Tarsos et du metôpion d'Aigypte.

Sous mes bras, de la menthe crépue ; sur mes cils et sur mes yeux, de la marjolaine de Kôs. Esclave, défais ma chevelure et emplis-la de fumée d'encens.

Voici l'oïnanthê des montagnes de Kypre; je la ferai couler entre mes seins ; la liqueur de rose qui vient de Phasélis embaumera ma nuque et mes joues.

Et maintenant, répands sur mes reins la bakkaris irrésistible. Il vaut mieux, pour une courtisane, connaître les parfums de Lydie que les mœurs du Péloponnèse.

CONVERSATION

108

« Bonjour. — Bonjour aussi. — Tu es bien pressée. — Peut-être moins que tu ne penses. — Tu es une jolie fille. — Peut-être plus que tu ne crois.

— Quel est ton nom charmant? — Je ne dis pas cela si vite. — Tu as quelqu'un ce soir ? — Toujours celui qui m'aime. — Et comment l'aimes-tu ? — Comme il veut.

— Soupons ensemble. — Si tu le désires. Mais que donnes-tu ? — Ceci. — Cinq drachmes ? C'est pour mon esclave. Et pour moi ? — Dis toi-même. — Cent.

— Où demeures-tu ? — Dans cette maison bleue. — A quelle heure veux-tu que je t'envoie chercher ? — Tout de suite si tu veux. — Tout de suite. — Va devant. »

LA ROBE DÉCHIRÉE

109

« Holà! par les deux déesses, qui est l'insolent qui a mis le pied sur ma robe? — C'est un amoureux. — C'est un sot. — J'ai été maladroit, pardonne-moi.

— L'imbécile! ma robe jaune est toute déchirée par derrière, et si je marche ainsi dans la rue, on va me prendre pour une fille pauvre qui sert la Kypris inverse.

— Ne t'arrêteras-tu pas? — Je crois qu'il me parle encore! — Me quitteras-tu ainsi fâchée?... Tu ne réponds pas? Hélas! je n'ose plus parler.

— Il faut bien que je rentre chez moi pour changer de robe. — Et je ne puis te suivre? — Qui est ton père? — C'est le riche armateur Nikias. — Tu as de beaux yeux, je te pardonne. »

LES BIJOUX

110

Un diadème d'or ajouré couronne mon front étroit et blanc. Cinq chaînettes d'or, qui font le tour de mes joues et de mon menton, se suspendent aux cheveux par deux larges agrafes.

Sur mes bras qu'envierait Iris, treize bracelets d'argent s'étagent. Qu'ils sont lourds ! Mais ce sont des armes ; et je sais une ennemie qui en a souffert.

Je suis vraiment toute couverte d'or. Mes seins sont cuirassés de deux pectoraux d'or. Les images des dieux ne sont pas aussi riches que je le suis.

Et je porte sur ma robe épaisse une ceinture lamée d'argent. Tu pourras y lire ce vers : « Aime-moi éternellement ; mais ne sois pas affligé si je te trompe trois fois par jour. »

L'INDIFFÉRENT

111

Dès qu'il est entré dans ma chambre, quel qu'il soit (cela importe-t-il?) : « Vois, dis-je à l'esclave, quel bel homme! et qu'une courtisane est heureuse ! »

Je le déclare Adônis, Arès ou Héraklès selon son visage, ou le Vieillard des Mers, si ses cheveux sont de pâle argent. Et alors, quels dédains pour la jeunesse légère !

« Ah! fais-je, si je n'avais pas demain à payer mon fleuriste et mon orfèvre, comme j'aimerais à te |dire : Je ne veux pas de ton or ! Je suis ta servante passionnée! »

Puis, quand il a refermé ses bras sous mes épaules, je vois un batelier du port passer comme une image divine sur le ciel étoilé de mes paupières transparentes.

L'EAU PURE DU BASSIN

112

« Eau pure du bassin, miroir immobile, dis-moi ma beauté. — O Bilitis, ou qui que tu sois, Téthys peut-être ou Amphritrité, tu es belle, sache-le.

« Ton visage se penche sous ta chevelure épaisse, gonflée de fleurs et de parfums. Tes paupières molles s'ouvrent à peine et tes flancs sont las des mouvements de l'amour.

« Ton corps fatigué du poids de tes seins porte les marques fines de l'ongle et les taches bleues du baiser. Tes bras sont rougis par l'étreinte. Chaque ligne de ta peau fut aimée.

— Eau claire du bassin, ta fraîcheur repose. Reçois-moi, ui suis lasse en effet. Emporte le fard de mes joues, et la sueur de mon ventre et le souvenir de la nuit. »

VOLUPTÉ

114

Sur une terrasse blanche, la nuit, ils nous laissèrent évanouies dans les roses. La sueur chaude coulait comme des larmes, de nos aisselles sur nos seins. Une volupté accablante empourprait nos têtes renversées.

Quatre colombes captives, baignées dans quatre parfums, voletèrent au dessus de nous en silence. De leurs ailes, sur les femmes nues, ruisselaient des gouttes de senteur. Je fus inondée d'essence d'iris.

O lassitude ! je reposai ma joue sur le ventre d'une jeune fille qui s'enveloppa de fraîcheur avec ma chevelure humide. L'odeur de sa peau safranée enivrait ma bouche ouverte. Elle ferma sa cuisse sur ma nuque.

Je dormis, mais un rêve épuisant m'éveilla : l'iynx, oiseau des désirs nocturnes, chantait éperdument au loin. Je toussai avec un frisson. Un bras languissant comme une fleur s'élevait peu à peu vers la lune, dans l'air.

L'HOTELLERIE

115

Hôtelier, nous sommes quatre. Donne-nous une chambre et deux lits. Il est trop tard maintenant pour rentrer à la ville et la pluie a crevé la route.

Apporte une corbeille de figues, du fromage et du vin noir; mais ôte d'abord mes sandales et lave-moi les pieds, car la boue me chatouille.

Tu feras porter dans la chambre deux bassins avec de l'eau, une lampe pleine, un cratère et des kylix. Tu secoueras les couvertures et tu battras les coussins.

Mais que les lits soient de bon érable et que les planches soient muettes ! Demain tu ne nous réveilleras pas.

LA DOMESTICITÉ

116

Quatre esclaves gardent ma maison : deux Thraces robustes à ma porte, un Sicilien à ma cuisine et une Phrygienne docile et muette pour le service de mon lit.

Les deux Thraces sont de beaux hommes. Ils ont un bâton à la main pour chasser les amants pauvres et un marteau pour clouer sur le mur les couronnes que l'on m'envoie.

Le Sicilien est un cuisinier rare; je l'ai payé douze mines. Aucun autre ne sait comme lui préparer des croquettes frites et des gâteaux de coquelicots.

La Phrygienne me baigne, me coiffe et m'épile. Elle dort le matin dans ma chambre et pendant trois nuits, chaque mois, elle me remplace près de mes amants.

LE TRIOMPHE DE BILITIS

117

Les processionnaires m'ont portée en triomphe, moi, Bilitis, toute nue sur un char en coquille où des esclaves, pendant la nuit, avaient effeuillé dix mille roses.

J'étais couchée, les mains sous la nuque, mes pieds seuls étaient vêtus d'or, et mon corps s'allongeait mollement, sur le lit de mes cheveux tièdes mêlés aux pétales frais.

Douze enfants, les épaules ailées, me servaient comme une déesse ; les uns tenaient un parasol, les autres me mouillaient de parfums, ou brûlaient de l'encens à la proue.

Et autour de moi j'entendais bruire la rumeur ardente de la foule, tandis que l'haleine des désirs flottait sur ma nudité, dans les brumes bleues des aromates.

A SES SEINS

118

Chairs en fleurs, ô mes seins ! que vous êtes riches de volupté ! Mes seins dans mes mains, que vous avez de mollesses et de moelleuses chaleurs et de jeunes parfums !

Jadis, vous étiez glacés comme une poitrine de statue et durs comme d'insensibles marbres. Depuis que vous fléchissez je vous chéris davantage, vous qui fûtes aimés.

Votre forme lisse et renflée est l'honneur de mon torse brun. Soit que je vous emprisonne sous la résille d'or, soit que je vous délivre tout nus, vous me précédez de votre splendeur.

Soyez donc heureux cette nuit. Si mes doigts enfantent des caresses, vous seuls le saurez jusqu'à demain matin ; car, cette nuit, Bilitis a payé Bilitis.

MYDZOURIS

120

Mydzouris, petite ordure, ne pleure plus. Tu es mon amie. Si ces femmes t'insultent encore, c'est moi qui leur répondrai. Viens sous mon bras, et sèche tes yeux.

Oui, je sais que tu es une horrible enfant et que ta mère t'apprit de bonne heure à faire preuve de tous les courages. Mais tu es jeune et c'est pourquoi tu ne peux rien faire qui ne soit charmant.

La bouche d'une fille de quinze ans reste pure malgré tout. Les lèvres d'une femme chenue, même vierges, sont dégradées; car le seul opprobre est de vieillir et nous ne sommes flétries que par la ride.

Mydzouris, j'aime tes yeux francs, ton nom impudique et hardi, ta voix rieuse et ton corps léger. Viens chez moi, tu seras mon aide, et quand nous sortirons ensemble, les femmes te diront : Salut.

LE BAIN

121

Enfant, garde bien la porte et ne laisse pas entrer les passants, car moi et six filles aux beaux bras nous nous baignons secrètement dans les eaux tièdes du bassin.

Nous ne voulons que rire et nager. Laisse les amants dans la rue. Nous tremperons nos jambes dans l'eau et, assises sur le bord du marbre, nous jouerons aux osselets.

Nous jouerons aussi à la balle. Ne laisse pas entrer les amants; nos chevelures sont trop mouillées; nos gorges ont la chair de poule et le bout de nos doigts se ride.

D'ailleurs, il s'en repentirait, celui qui nous surprendrait nues! Bilitis n'est pas Athéna, mais elle ne se montre qu'à ses heures et châtie les yeux trop ardents.

AU DIEU DE BOIS

122

O Vénérable Priapos, dieu de bois que j'ai fait sceller dans le marbre du bord de mes bains, ce n'est pas sans raison, gardien des vergers, que tu veilles ici sur des courtisanes.

Dieu, nous ne t'avons pas acheté pour te sacrifier nos virginités. Nul ne peut donner ce qu'il n'a plus, et les zélatrices de Pallas ne courent pas les rues d'Amathonte.

Non. Tu veillais autrefois sur les chevelures des arbres, sur les fleurs bien arrosées, sur les fruits lourds et savoureux. C'est pourquoi nous t'avons choisi.

Garde aujourd'hui nos têtes blondes, les pavots ouverts de nos lèvres et les violettes de nos yeux. Garde les fruits durs de nos seins et donne-nous des amants qui te ressemblent.

LA DANSEUSE AUX CROTALES

123

Tu attaches à tes mains légères tes crotales retentissants, Myrrhinidion ma chérie, et à peine nue hors de la robe, tu étires tes membres nerveux. Que tu es jolie, les bras en l'air, les reins arqués et les seins rouges !

Tu commences : tes pieds l'un devant l'autre se posent, hésitent, et glissent mollement. Ton corps se plie comme une écharpe, tu caresses ta peau qui frissonne, et la volupté inonde tes longs yeux évanouis.

Tout à coup, tu claques des crotales ! Cambre-toi sur les pieds dressés, secoue les reins, lance les jambes et que tes mains pleines de fracas appellent tous les désirs en bande autour de ton corps tournoyant !

Nous, applaudissons à grands cris, soit que, souriant sur l'épaule, tu agites d'un frémissement ta croupe convulsive et musclée, soit que tu ondules presque étendue, au rhythme de tes souvenirs.

LA JOUEUSE DE FLUTE

124

Mélixô, les jambes serrées, le corps penché, les bras en avant, tu glisses ta double flûte légère entre tes lèvres mouillées de vin, et tu joues au dessus de la couche où Téléas m'étreint encore.

Ne suis-je pas bien imprudente, moi qui loue une aussi jeune fille pour distraire mes heures laborieuses, moi qui la montre ainsi nue aux regards curieux de mes amants, ne suis-je pas inconsidérée ?

Non, Mélixô, petite musicienne, tu es une honnête amie. Hier tu ne m'as pas refusé de changer ta flûte pour une autre quand je désespérais d'accomplir un amour plein de difficultés. Mais tu es sûre.

Car je sais bien à quoi tu penses. Tu attends la fin de cette nuit excessive qui t'anime cruellement en vain et au premier matin tu courras dans la rue, avec ton seul ami Psyllos, vers ton petit matelas défoncé.

LA CEINTURE CHAUDE

125

« Tu crois que tu ne m'aimes plus, Téléas, et depuis un mois tu passes tes nuits à table, comme si les fruits, les vins, les miels pouvaient te faire oublier ma bouche. Tu crois que tu ne m'aimes plus, pauvre fou ! »

Disant cela, j'ai dénoué ma ceinture en moiteur et je l'ai roulée autour de sa tête. Elle était toute chaude encore de la chaleur de mon ventre ; le parfum de ma peau sortait de ses mailles fines.

Il la respira longuement, les yeux fermés, puis je sentis qu'il revenait à moi et je vis même très clairement ses désirs réveillés qu'il ne me cachait point, mais, par ruse, je sus résister.

« Non, mon ami. Ce soir, Lysippos me possède. Adieu ! » Et j'ajoutai en m'enfuyant : « O gourmand de fruits et de légumes ! le petit jardin de Bilitis n'a qu'une figue, mais elle est bonne. »

A UN MARI HEUREUX

126

Je t'envie, Agorakritès, d'avoir une femme aussi zélée. C'est elle-même qui soigne l'étable, et le matin, au lieu de faire l'amour elle donne à boire aux bestiaux.

Tu t'en réjouis. Que d'autres, dis-tu, ne songent qu'aux voluptés basses, veillent la nuit, dorment le jour et demandent encore à l'adultère une satiété criminelle.

Oui; ta femme travaille à l'étable. On dit même qu'elle a mille tendresses pour le plus jeune de tes ânes. Ah! Ha! c'est un bel animal! Il a une touffe noire sur les yeux.

On dit qu'elle joue entre ses pattes, sous son ventre gris et doux... Mais ceux qui disent cela sont des médisants. Si ton âne lui plaît, Agorakritès, c'est que son regard sans doute lui rappelle le tien.

A UN EGARÉ

127

L'amour des femmes est le plus beau de tous ceux que les mortels éprouvent, et tu penserais ainsi, Kléôn, si tu avais l'âme vraiment voluptueuse; mais tu ne rêves que vanités.

Tu perds tes nuits à chérir les éphèbes qui nous méconnaissent. Regarde-les donc! Qu'ils sont laids! Compare à leurs têtes rondes nos chevelures immenses; cherche nos seins blancs sur leurs poitrines.

A côté de leurs flancs étroits, considère nos hanches luxuriantes, large couche creusée pour l'amant. Dis enfin quelles lèvres humaines, sinon celles qu'ils voudraient avoir, élaborent les voluptés?

Tu es malade, ô Kléôn, mais une femme te peut guérir. Va chez la jeune Satyra, la fille de ma voisine Gorgô. Sa croupe est une rose au soleil, et elle ne te refusera pas le plaisir qu'elle-même préfère.

THÉRAPEUTIQUE

128

O Asklêpios, sois-moi propice, ô dieu de la santé divine, le jour où l'éternelle nuit noire menacera mes yeux effrayés; car le poison de ma beauté, un jour, a servi de remède.

On m'avait mandée en costume dans la chambre d'un jeune homme que les femmes ne tentaient point. Des caleçons crevés se collaient à mes cuisses, et mes seins jaillissaient nus d'une brassière brodée d'or.

J'ai dansé selon le rite au son des crotales, les douze désirs d'Aphrodite. Et voici que l'amour est entré en lui tout à coup, et sur le lit de sa virginité j'ai recommencé toute la danse.

« Tu sais te faire aimer, disait-il, mais tu n'en es pas émue. Que faut-il faire pour que tu m'aimes ? » Je le regardai plus loin que les yeux et je lui dis avec lenteur : « T'imaginer que tu es femme. »

LA COMMANDE

129

« Vieille, écoute-moi. Je donne un festin dans trois jours. Il me faut un divertissement. Tu me loueras toutes tes filles Combien en as-tu et que savent-elles faire ?

— J'en ai sept. Trois dansent la kordax avec l'écharpe et le phallos. Néphélè aux aisselles lisses mimera l'amour de la colombe entre ses seins couleur de roses.

Une chanteuse en péplos brodé chantera des chansons de Rhodes, accompagnée par deux aulétrides qui auront des guirlandes de myrte enroulées à leurs jambes brunes.

— C'est bien. Qu'elles soient épilées de frais, lavées et parfumées des pieds à la tête, prêtes à d'autres jeux si on les leur demande. Va donner les ordres. Adieu. »

LA FIGURE DE PASIPHAË

130

Dans une débauche que deux jeunes gens et des courtisanes firent chez moi, où l'amour ruissela comme le vin, Damalis, pour fêter son nom, dansa la Figure de Pasiphaë.

Elle avait fait faire à Kition deux masques de vache et de taureau, pour elle et pour Kharmantidès. Elle portait des cornes terribles, et une queue véritable à son caleçon de cuir.

Les autres femmes menées par moi, tenant des fleurs et des flambeaux, nous tournions sur nous-mêmes avec des cris, et nous caressions Damalis du bout de nos chevelures pendantes.

Ses mugissements et nos chants et les danses effrénées ont duré plus que la nuit. La chambre vide est encore chaude. Je regarde mes mains rougies et les canthares de Khios où nagent des roses.

LA JONGLEUSE

131

Quand la première aube se mêla aux lueurs affaiblies des flambeaux, je fis entrer dans l'orgie une joueuse de flûte vicieuse et agile, qui tremblait un peu, ayant froid.

Louez la petite fille aux paupières bleues, aux cheveux courts, aux seins aigus, vêtue seulement d'une ceinture, d'où pendaient des rubans jaunes et des tiges d'iris noirs.

Louez-la! car elle fut adroite et fit des tours difficiles. Elle jonglait avec des cerceaux, sans rien casser dans la salle, et se glissait au travers comme une sauterelle.

Parfois elle faisait la roue sur les mains et sur les pieds. Ou bien les deux bras en l'air et les genoux écartés elle se courbait à la renverse et touchait la terre en riant.

LA DANSE DES FLEURS

132

Anthis, danseuse de Lydie, a sept voiles autour d'elle. Elle déroule le voile jaune, sa chevelure noire se répand. Le voile rose glisse de sa bouche. Le voile blanc tombé laisse voir ses bras nus.

Elle dégage ses petits seins du voile rouge qui se dénoue. Elle abaisse le voile vert de sa croupe jusqu'aux pieds. Elle tire le voile bleu de ses épaules, mais elle presse sur sa pudeur le dernier voile transparent.

Les jeunes gens la supplient : elle secoue la tête en arrière. Au son des flûtes seulement, elle le déchire un peu, puis tout à fait, et, avec les gestes de la danse, elle cueille les fleurs de son corps,

En chantant : « Où sont mes roses ? où sont mes violettes parfumées ? Où sont mes touffes de persil ? — Voilà mes roses, je vous les donne. Voilà mes violettes, en voulez-vous ? Voilà mes beaux persils frisés. »

LA VIOLENCE

135

Non, tu ne me prendras pas de force, n'y compte pas, Lamprias. Si tu as entendu dire qu'on a violé Parthenis, sache qu'elle y a mis du sien, car on ne jouit pas de nous sans y être invité.

Oh ! va de ton mieux, fais des efforts. Vois : c'est manqué. Je me défends à peine, cependant. Je n'appellerai pas au secours. Et je ne lutte même pas ; mais je bouge. Pauvre ami, c'est manqué encore.

Continue. Ce petit jeu m'amuse. D'autant que je suis sûre de vaincre. Encore un essai malheureux, et peut-être tu seras moins dispos à me prouver tes désirs éteints.

Bourreau, que fais-tu ! Chien ! tu me brises les poignets ! et ce genou qui m'éventre ! Ah ! va, maintenant, c'est une belle victoire, que de ravir à terre une jeune fille en larmes.

CHANSON

136

Le premier me donna un collier, un collier de perles qui vaut une ville, avec les palais et les temples, et les trésors et les esclaves.

Le second fit pour moi des vers. Il disait que mes cheveux sont noirs comme ceux de la nuit sur la mer et mes yeux bleus comme ceux du matin.

Le troisième était si beau que sa mère ne l'embrassait pas sans rougir. Il mit ses mains sur mes genoux, et ses lèvres sur mon pied nu.

Toi, tu ne m'as rien dit. Tu ne m'as rien donné, car tu es pauvre. Et tu n'es pas beau, mais c'est toi que j'aime.

CONSEILS A UN AMANT

137

Si tu veux être aimé d'une femme, ô jeune ami, quelle qu'elle soit, ne lui dis pas que tu la veux, mais fais qu'elle te voie tous les jours, puis disparais, pour revenir.

Si elle t'adresse la parole, sois amoureux sans empressement. Elle viendra d'elle-même à toi. Sache alors la prendre de force, le jour où elle entend se donner.

Quand tu la recevras dans ton lit, néglige ton propre plaisir. Les mains d'une femme amoureuse sont tremblantes et sans caresses. Dispense-les d'être zélées.

Mais toi, ne prends pas de repos. Prolonge les baisers à perte d'haleine. Ne la laisse pas dormir, même si elle t'en prie. Baise toujours la partie de son corps vers laquelle elle tourne les yeux.

LES AMIES A DÎNER

138

Myroméris et Maskhalè, mes amies, venez avec moi, car je n'ai pas d'amant ce soir, et, couchées sur des lits de byssos, nous causerons autour du dîner.

Une nuit de repos vous fera du bien : vous dormirez dans mon lit, même sans fards et mal coiffées. Mettez une simple tunique de laine et laissez vos bijoux au coffre.

Nul ne vous fera danser pour admirer vos jambes et les mouvements lourds de vos reins. Nul ne vous demandera les Figures sacrées, pour juger si vous êtes amoureuses.

Et je n'ai pas commandé, pour nous, deux joueuses de flûte aux belles bouches, mais deux marmites de pois rissolés, des gâteaux au miel, des croquettes frites et ma dernière outre de Khios.

LE TOMBEAU
D'UNE JEUNE COURTISANE

139

Ici gît le corps délicat de Lydé, petite colombe, la plus joyeuse de toutes les courtisanes, qui plus que toute autre aima les orgies, les cheveux flottants, les danses molles et les tuniques d'hyacinthe.

Plus que toute autre elle aima les glottismes savoureux, les caresses sur la joue, les jeux que la lampe voit seule et l'amour qui brise les membres. Et maintenant, elle est une petite ombre.

Mais avant de la mettre au tombeau, on l'a merveilleusement coiffée et on l'a couchée dans les roses; la pierre même qui la recouvre est tout imprégnée d'essences et de parfums.

Terre sacrée, nourrice de tout, accueille doucement la pauvre morte, endors-la dans tes bras ô Mère! et fais pousser autour de la stèle, non les orties et les ronces, mais les faibles violettes blanches.

LA PETITE MARCHANDE DE ROSES

140

Hier, m'a dit Naïs, j'étais sur la place, quand une petite fille en loques rouges a passé, portant des roses, devant un groupe de jeunes gens. Et voici ce que j'ai entendu :

« Achetez-moi quelque chose. — Explique-toi, petite, car nous ne savons ce que tu vends : toi ? tes roses ? ou tout à la fois ? — Si vous m'achetez toutes mes fleurs, vous aurez la vendeuse pour rien.

— Et combien veux-tu de tes roses ? — Il faut six oboles à ma mère ou bien je serai battue comme une chienne. — Suis-nous. Tu auras une drachme. — Alors je vais chercher ma petite sœur ? »

Cette enfant n'est pas courtisane, Bilitis, nul ne la connaît. Vraiment n'est-ce pas un scandale et tolérerons-nous que ces filles viennent salir dans la journée les lits qui nous attendent le soir ?

LA DISPUTE

141

Ah! par l'Aphrodita, te voilà! tête de sang! pourriture! empuse! stérile! carcan! gauchère! digne de rien! mauvaise truie! N'essaie pas de me fuir, mais approche et plus près encore.

Voyez-moi cette femme de matelots, qui ne sait pas même plisser son vêtement sur l'épaule et qui met de si mauvais fard que le noir de ses sourcils coule sur sa joue en ruisseaux d'encre!

Tu es Phoïnikienne : couche avec ceux de ta race. Pour moi, mon père était Hellène : j'ai droit sur tous ceux qui portent le pétase. Et même sur les autres, s'il me plaît ainsi.

Ne t'arrête plus dans ma rue, ou je t'enverrai dans l'Hadès faire l'amour avec Kharôn, et je dirai très justement : « Que la terre te soit légère! » pour que les chiens puissent te déterrer.

MÉLANCOLIE

142

Je frissonne ; la nuit est fraîche, et la forêt toute mouillée. Pourquoi m'as-tu conduite ici? mon grand lit n'est-il pas plus doux que cette mousse semée de pierres?

Ma robe à fleurs aura des taches de verdure ; mes cheveux seront mêlés de brindilles ; mon coude, regarde mon coude, comme il est déjà souillé de terre humide.

Autrefois pourtant, je suivais dans les bois celui... Ah! laisse-moi quelque temps. Je suis triste, ce soir. Laisse-moi, sans parler, la main sur les yeux.

En vérité, ne peux-tu attendre! sommes nous des bêtes brutes pour nous prendre ainsi! Laisse-moi. Tu n'ouvriras ni mes genoux ni mes lèvres. Mes yeux mêmes, de peur de pleurer, se ferment.

LA PETITE PHANION

143

Etranger, arrête-toi, regarde qui t'a fait signe: c'est la petite Phanion de Kôs, elle mérite que tu la choisisses.

Vois, ses cheveux frisent comme du persil, sa peau est douce comme un duvet d'oiseau. Elle est petite et brune. Elle parle bien.

Si tu veux la suivre, elle ne te demandera pas tout l'argent de ton voyage; non, mais une drachme ou une paire de chaussures.

Tu trouveras chez elle un bon lit, des figues fraîches, du lait, du vin, et, s'il fait froid, il y aura du feu.

INDICATIONS

144

S'il te faut, passant qui t'arrêtes, des cuisses élancées et des reins nerveux, une gorge dure, des genoux qui étreignent, va chez Plangô, c'est mon amie.

Si tu cherches une fille rieuse, avec des seins exubérants, la taille délicate, la croupe grasse et les reins creusés, va jusqu'au coin de cette rue, où demeure Spidorrhodellis.

Mais si les longues heures tranquilles dans les bras d'une courtisane, la peau douce, la chaleur du ventre et l'odeur des cheveux te plaisent, cherche Miltô, tu seras content.

N'espère pas beaucoup d'amour; mais profite de son expérience. On peut tout demander à une femme, quand elle est nue, quand il fait nuit, et quand les cent drachmes sont sur le foyer.

LE MARCHAND DE FEMMES

145

« Qui est là ? — Je suis le marchand de femmes. Ouvre la porte, Sôstrata, je te présente deux occasions. Celle-ci d'abord. Approche, Anasyrtolis, et défais-toi. — Elle est un peu grosse.

— C'est une beauté. De plus, elle danse la kordax et elle sait quatre-vingts chansons. — Tourne-toi. Lève les bras. Montre tes cheveux. Donne le pied. Souris. C'est bien.

— Celle-ci, maintenant. — Elle est trop jeune ! — Non pas, elle a eu douze ans avant-hier, et tu ne lui apprendrais plus rien. — Ote ta tunique. Voyons ? Non, elle est maigre.

— Je n'en demande qu'une mine. — Et la première ? — Deux mines trente. — Trois mines les deux ? — C'est dit. — Entrez là et lavez-vous. Toi, adieu. »

L'ÉTRANGER

146

Étranger, ne va pas plus loin dans la ville. Tu ne trouveras ailleurs que chez moi des filles plus jeunes ni plus expertes. Je suis Sôstrata, célèbre au delà de la mer.

Vois celle-ci dont les yeux sont verts comme l'eau dans l'herbe. Tu n'en veux pas ? Voici d'autres yeux qui sont noirs comme la violette, et une chevelure de trois coudées.

J'ai mieux encore. Xanthô, ouvre ta cyclas. Étranger, ses seins sont durs comme le coing, touche-les. Et son beau ventre, tu le vois, porte les trois plis de Kypris.

Je l'ai achetée avec sa sœur, qui n'est pas d'âge à aimer encore, mais qui la seconde utilement. Par les deux déesses! tu es de race noble. Phyllis et Xanthô, suivez le chevalier!

LE SOUVENIR DE MNASIDIKA

148

Elles dansaient l'une devant l'autre, d'un mouvement rapide et fuyant; elles semblaient toujours vouloir s'enlacer, et pourtant ne se touchaient point, si ce n'est du bout des lèvres.

Quand elles tournaient le dos en dansant, elles se regardaient, la tête sur l'épaule, et la sueur brillait sous leurs bras levés, et leurs chevelures fines passaient devant leurs seins.

La langueur de leurs yeux, le feu de leurs joues, la gravité de leurs visages, étaient trois chansons ardentes. Elles se frôlaient furtivement, elles pliaient leurs corps sur les hanches.

Et tout à coup, elles sont tombées, pour achever à terre la danse molle... Souvenir de Mnasidika, c'est alors que tu m'apparus, et tout, hors ta chère image, me fut importun.

LA JEUNE MÈRE

149

Ne crois pas, Myroméris, que, d'avoir été mère, tu sois moindre en beauté. Voici que ton corps sous la robe a noyé ses formes grêles dans une voluptueuse mollesse.

Tes seins sont deux vastes fleurs renversées sur ta poitrine, et dont la queue coupée nourrit une sève laiteuse. Ton ventre plus doux défaille sous la main.

Et maintenant considère la toute petite enfant qui est née du frisson que tu as eu un soir dans les bras d'un passant dont tu ne sais plus le nom. Rêve à sa lointaine destinée.

Ces yeux qui s'ouvrent à peine s'allongeront un jour d'une ligne de fard noir, et ils sèmeront aux hommes la douleur ou la joie, d'un mouvement de leurs cils.

L'INCONNU

150

Il dort. Je ne le connais pas. Il me fait horreur. Pourtant sa bourse est pleine d'or et il a donné à l'esclave quatre drachmes en entrant. J'espère une mine pour moi-même.

Mais j'ai dit à la Phrygienne d'entrer au lit à ma place. Il était ivre et l'a prise pour moi. Je serais plutôt morte dans les supplices que de m'allonger près de cet homme.

Hélas ! je songe aux prairies de Tauros... J'ai été une petite vierge... Alors, j'avais la poitrine légère, et j'étais si folle d'envie amoureuse que je haïssais mes sœurs mariées.

Que ne faisais-je pas pour obtenir ce que j'ai refusé cette nuit ! Aujourd'hui mes mamelles se plient, et dans mon cœur trop usé, Eros s'endort de lassitude.

LA DUPERIE

151

Je m'éveille... Est-il donc parti ? Il a laissé quelque chose ? Non : deux amphores vides et des fleurs souillées. Tout le tapis est rouge de vin.

J'ai dormi, mais je suis encore ivre... Avec qui donc suis-je rentrée ?... Pourtant nous nous sommes couchés. Le lit est même trempé de sueur.

Peut-être étaient-ils plusieurs ; le lit est si bouleversé. Je ne sais plus... Mais on les a vus ! Voilà ma Phrygienne. Elle dort encore en travers de la porte.

Je lui donne un coup de pied dans la poitrine et je crie : « Chienne, tu ne pouvais pas... » Je suis si enrouée que je ne puis parler.

LE DERNIER AMANT

152

Enfant, ne passe pas sans m'avoir aimée. Je suis encore belle, dans la nuit ; tu verras combien mon automne est plus chaud que le printemps d'une autre.

Ne cherche pas l'amour des vierges. L'amour est un art difficile où les jeunes filles sont peu versées. Je l'ai appris toute ma vie pour le donner à mon dernier amant.

Mon dernier amant, ce sera toi, je le sais. Voici ma bouche, pour laquelle un peuple a pâli de désir. Voici mes cheveux, les mêmes cheveux que Psappha la Grande a chantés.

Je recueillerai en ta faveur tout ce qu'il m'est resté de ma jeunesse perdue. Je brûlerai les souvenirs eux-mêmes. Je te donnerai la flûte de Lykas, la ceinture de Mnasidika.

LA COLOMBE

153

Depuis longtemps déjà je suis belle ; le jour vient où je ne serai plus femme. Et alors je connaîtrai les souvenirs déchirants, les brûlantes envies solitaires et les larmes dans les mains.

Si la vie est un long songe, à quoi bon lui résister ? Maintenant, quatre et cinq fois la nuit je demande la jouissance amoureuse, et quand mes flancs sont épuisés je m'endors où mon corps retombe.

Au matin, j'ouvre les paupières et je frissonne dans mes cheveux. Une colombe est sur ma fenêtre ; je lui demande en quel mois nous sommes. Elle me dit : « C'est le mois où les femmes sont en amour. »

Ah ! quel que soit le mois, la colombe dit vrai, Kypris ! Et je jette mes deux bras autour de mon amant, et avec de grands tremblements j'étire jusqu'au pied du lit mes jambes encore engourdies.

LA PLUIE AU MATIN

154

La nuit s'efface. Les étoiles s'éloignent. Voici que les dernières courtisanes sont rentrées avec les amants. Et moi, dans la pluie du matin, j'écris ces vers sur le sable.

Les feuilles sont chargées d'eau brillante. Des ruisseaux à travers les sentiers entraînent la terre et les feuilles mortes. La pluie, goutte à goutte, fait des trous dans ma chanson.

Oh! que je suis triste et seule ici! Les plus jeunes ne me regardent pas; les plus âgés m'ont oubliée. C'est bien. Ils apprendront mes vers, et les enfants de leurs enfants.

Voilà ce que ni Myrtalé, ni Thaïs, ni Glykéra ne se diront, le jour où leurs belles joues seront creuses. Ceux qui aimeront après moi chanteront mes strophes ensemble.

LA MORT VÉRITABLE

155

Aphrodita ! déesse impitoyable, tu as voulu que sur moi aussi la jeunesse heureuse aux beaux cheveux s'évanouît en quelques jours. Que ne suis-je morte tout à fait !

Je me suis regardée dans mon miroir : je n'ai plus ni sourire ni larmes. O doux visage qu'aimait Mnasidika, je ne puis croire que tu fus le mien !

Se peut-il que tout soit fini ! Je n'ai pas encore vécu cinq fois huit années, il me semble que je suis née d'hier, et déjà voici qu'il faut dire : On ne m'aimera plus.

Toute ma chevelure coupée, je l'ai tordue dans ma ceinture et je te l'offre, Kypris éternelle ! Je ne cesserai pas de t'adorer. Ceci est le dernier vers de la pieuse Bilitis.

LE TOMBEAU DE BILITIS

PREMIÈRE ÉPITAPHE

156

Dans le pays où les sources naissent de la mer, et où le lit des fleuves est fait de feuilles de roches, moi, Bilitis, je suis née.

Ma mère était Phoïnikienne; mon père Damophylos, Hellène. Ma mère m'a appris les chants de Byblos, tristes comme la première aube.

J'ai adoré l'Astarté à Kypre. J'ai connu Psappha à Lesbos. J'ai chanté comment j'aimais. Si j'ai bien vécu, Passant, dis-le à ta fille.

Et ne sacrifie pas pour moi la chèvre noire; mais, en libation douce, presse sa mamelle sur ma tombe.

SECONDE ÉPITAPHE

157

Sur les rives sombres du Mélas, à Tamassos de Pamphylie, moi, fille de Damophylos, Bilitis, je suis née. Je repose loin de ma patrie, tu le vois.

Toute enfant, j'ai appris les amours de l'Adôn et de l'Astarté, les mystères de la Syrie sainte, et la mort et le retour vers Celle-aux-paupières-arrondies.

Si j'ai été courtisane, quoi de blâmable ? N'était-ce pas mon devoir de femme ? Etranger, la Mère-de-toutes-choses nous guide. La méconnaître n'est pas prudent.

En gratitude à toi qui t'es arrêté, je te souhaite ce destin : Puisses-tu être aimé, ne pas aimer. Adieu. Souviens-toi dans ta vieillesse, que tu as vu mon tombeau.

DERNIÈRE ÉPITAPHE

158

Sous les feuilles noires des lauriers, sous les fleurs amoureuses des roses, c'est ici que je suis couchée, moi qui sus tresser le vers au vers, et faire fleurir le baiser.

J'ai grandi sur la terre des nymphes ; j'ai vécu dans l'île des amies ; je suis morte dans l'île de Kypris. C'est pourquoi mon nom est illustre et ma stèle frottée d'huile.

Ne me pleure pas, toi qui t'arrêtes : on m'a fait de belles funérailles ; les pleureuses se sont arraché les joues ; on a couché dans ma tombe mes miroirs et mes colliers.

Et maintenant, sur les pâles prairies d'asphodèles, je me promème, ombre impalpable, et le souvenir de ma vie terrestre est la joie de ma vie souterraine.

BIBLIOGRAPHIE

I. — BILITIS'SÆMMTLICHE LIEDER zum ersten Male herausgegeben und mit einem Wœrterbuche versehen, von G. Heim. — Leipzig. 1894.

II. — LES CHANSONS DE BILITIS, traduites du grec pour la première fois par P. L. (Pierre Louÿs). — Paris. 1895.

III. — SIX CHANSONS DE BILITIS, traduites en vers par Mme Jean Bertheroy. — *Revue pour les jeunes filles*. Paris. Armand Colin. 1896.

IV. — VINGT-SIX CHANSONS DE BILITIS, traduites en allemand par Richard Dehmel. — *Die Gesellschaft*. Leipzig. 1896.

V. — Vingt chansons de Bilitis, traduites en allemand par le Dr Paul Goldmann. — *Frankfurter Zeitung.* 1896.

VI. — Les chansons de Bilitis, par le professeur von Willamovitz-Moellendorf. — *Gœttingsche Gelehrte.* — Gœttinge. 1896.

VII. — Huit chansons de Bilitis, traduites en tchèque par Alexandre Backovsky. — Prague. 1897.

VIII. — Quatre chansons de Bilitis, traduites en suédois par Gustav Uddgren. — *Nordisk Revy.* — Stockholm. 1897.

IX. — Trois chansons de Bilitis, mises en musique par Claude Debussy. — Paris. Fromont. 1898, etc.

TABLE

VIE DE BILITIS   11

I. BUCOLIQUES EN PAMPHYLIE

1. — L'ARBRE   27
2. — CHANT PASTORAL   29
3. — PAROLES MATERNELLES.   31
4. — LES PIEDS NUS   33
5. — LE VIEILLARD ET LES NYMPHES   35
6. — CHANSON (*Torti-tortu*)   37
7. — LE PASSANT   39
8. — LE RÉVEIL   41
9. — LA PLUIE.   43
10. — LES FLEURS   45
11. — IMPATIENCE.   47
12. — LES COMPARAISONS   49
13. — LA RIVIÈRE DE LA FORÊT.   51
14. — PHITTA MELIAÏ   53

15. — LA BAGUE SYMBOLIQUE.		55
16. — LES DANSES AU CLAIR DE LUNE.		57
17. — LES PETITS ENFANTS.		59
18. — LES CONTES		61
19. — L'AMIE MARIÉE		63
20. — LES CONFIDENCES.		65
21. — LA LUNE AUX YEUX BLEUS.		67
22. — RÉFLEXIONS		(non traduite)
23. — CHANSON (*Ombre du bois*).		69
24. — LYKAS.		71
25. — L'OFFRANDE A LA DÉESSE.		73
26. — L'AMIE COMPLAISANTE		75
27. — PRIÈRE A PERSÉPHONE.		77
28. — LA PARTIE D'OSSELETS.		79
29. — LA QUENOUILLE.		81
30. — LA FLUTE DE PAN.		83
31. — LA CHEVELURE		85
32. — LA COUPE		87
33. — ROSES DANS LA NUIT		89
34. — LES REMORDS.		91
35. — LE SOMMEIL INTERROMPU.		93
36. — AUX LAVEUSES		95
37. — CHANSON (*Quand il est revenu*)		97
38. — BILITIS		99
39. — LA PETITE MAISON.		101
40. — LA JOIE		(non traduite)
41. — LA LETTRE PERDUE		103
42. — CHANSON (*La nuit est si profonde*).		105
43. — LE SERMENT		107
44. — LA NUIT.		109
45. — BERCEUSE		111
46. — LE TOMBEAU DES NAÏADES		113

II. ÉLÉGIES A MYTILÈNE

47. — AU VAISSEAU 117
48. — PSAPPHA. 119
49. — LA DANSE DE GLÔTTIS ET DE KYSÉ. 121
50. — LES CONSEILS. 123
51. — L'INCERTITUDE 125
52. — LA RENCONTRE. 127
53. — LA PETITE APHRODITE DE TERRE CUITE. . . 129
54. — LE DÉSIR 131
55. — LES NOCES. 133
56. — LE LIT. . . . . (*non traduite*)
57. — LE PASSÉ QUI SURVIT 135
58. — LA MÉTAMORPHOSE. 137
59. — LE TOMBEAU SANS NOM. 139
60. — LES TROIS BEAUTÉS DE MNASIDIKA. 141
61. — L'ANTRE DES NYMPHES. 143
62. — LES SEINS DE MNASIDIKA. 145
63. — LA CONTEMPLATION. . . . . . . (*non traduite*)
64. — LA POUPÉE. 147
65. — TENDRESSES 149
66. — JEUX 151
67. — ÉPISODE . . . . (*non traduite*)
68. — PÉNOMBRE 153
69. — LA DORMEUSE. 155
70. — LE BAISER. 157
71. — LES SOINS JALOUX. 159
72. — L'ÉTREINTE ÉPERDUE. 161
73. — REPRISE . . . . (*non traduite*)
74. — LE CŒUR. 163

75. — PAROLES DANS LA NUIT 165
76. — L'ABSENCE 167
77. — L'AMOUR 169
78. — LA PURIFICATION 171
79. — LA BERCEUSE DE MNASIDIKA 173
80. — PROMENADE AU BORD DE LA MER 175
81. — L'OBJET 177
82. — SOIR PRÈS DU FEU 179
83. — PRIÈRES 181
84. — LES YEUX 183
85. — LES FARDS 185
86. — LE SILENCE DE MNASIDIKA 187
87. — SCÈNE 189
88. — ATTENTE 191
89. — LA SOLITUDE 193
90. — LETTRE 195
91. — LA TENTATIVE 197
92. — L'EFFORT 199
93. — MYRRHINÈ . . . . *(non traduite)*
94. — A GYRINNÔ 201
95. — LE DERNIER ESSAI 203
96. — LE SOUVENIR DÉCHIRANT 205
97. — A LA POUPÉE DE CIRE 207
98. — CHANT FUNÈBRE 209

III. ÉPIGRAMMES DANS L'ILE DE CHYPRE

99. — HYMNE A ASTARTÉ 213
100. — HYMNE A LA NUIT 215
101. — LES MÉNADES 217
102. — LA MER DE KYPRIS 219

103.	— LES PRÊTRESSES DE L'ASTARTÉ	221
104.	— LES MYSTÈRES	223
105.	— LES COURTISANES ÉGYPTIENNES	225
106.	— JE CHANTE MA CHAIR ET MA VIE	227
107.	— LES PARFUMS.	229
108.	— CONVERSATION.	231
109.	— LA ROBE DÉCHIRÉE	233
110.	— LES BIJOUX.	235
111.	— L'INDIFFÉRENT	237
112.	— L'EAU PURE DU BASSIN.	239
113.	— LA FÊTE NOCTURNE. . . . . *(non traduite)*	
114.	— VOLUPTÉ.	241
115.	— L'HÔTELLERIE.	243
116.	— LA DOMESTICITÉ.	245
117.	— LE TRIOMPHE DE BILITIS.	247
118.	— A SES SEINS	249
119.	— LIBERTÉ. . . . . *(non traduite)*	
120.	— MYDZOURIS.	251
121.	— LE BAIN	253
122.	— AU DIEU DE BOIS.	255
123.	— LA DANSEUSE AUX CROTALES.	257
124.	— LA JOUEUSE DE FLUTE.	259
125.	— LA CEINTURE CHAUDE	261
126.	— A UN MARI HEUREUX.	263
127.	— A UN ÉGARÉ	265
128.	— THÉRAPEUTIQUE.	267
129.	— LA COMMANDE.	269
130.	— LA FIGURE DE PASIPHAË	271
131.	— LA JONGLEUSE	273
132.	— LA DANSE DES FLEURS.	275
133.	— LA DANSE DE SATYRA . . . . . . *(non traduite)*	
134.	— MYDZOURIS COURONNÉE . . . . . *(non traduite)*	

135. — LA VIOLENCE. . . . .
136. — CHANSON (*Le premier me donna...*) . .
137. — CONSEILS A UN AMANT . . . .
138. — LES AMIES A DÎNER . . . .
139. — LE TOMBEAU D'UNE JEUNE COURTISANE . .
140. — LA PETITE MARCHANDE DE ROSES . . .
141. — LA DISPUTE . . . .
142. — MÉLANCOLIE . . . .
143. — LA PETITE PHANION . . . .
144. — INDICATIONS . . . .
145. — LE MARCHAND DE FEMMES. . . . . . .
146. — L'ÉTRANGER. . . . .
147. — PHYLLIS . . . . (non tra
148. — LE SOUVENIR DE MNASIDIKA. . . . .
149. — LA JEUNE MÈRE. . . . .
150. — L'INCONNU . . . .
151. — LA DUPERIE . . . .
152. — LE DERNIER AMANT . . . .
153. — LA COLOMBE . . . .
154. — LA PLUIE AU MATIN . . . .
155. — LA MORT VÉRITABLE. . . . .

LE TOMBEAU DE BILITIS

156. — PREMIÈRE ÉPITAPHE . . . .
157. — SECONDE ÉPITAPHE. . . . .
158. — DERNIÈRE ÉPITAPHE . . . .

BIBLIOGRAPHIE. . . . .
TABLE. . . . .

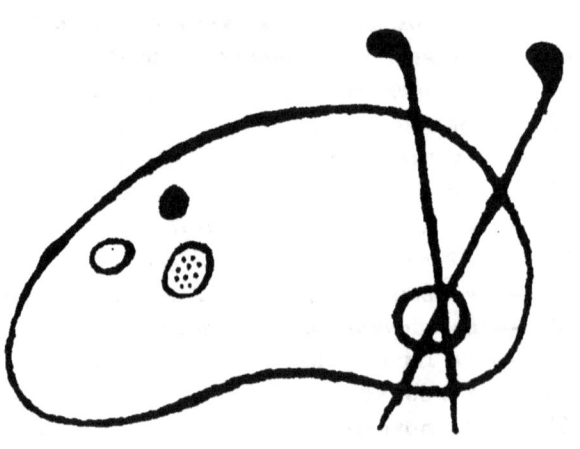

Début d'une série de documents en couleur

ÉDITIONS DU MERCURE DE FRANCE
Extrait du Catalogue

Collection grand in-18, à 3 fr. 50

Pierre d'Aiheim
Moussorgski . . . . 1 vol.
Sur les Pointes . . . . 1 vol.

Henry Bataille
Ton Sang, précédé de *La Lépreuse* 1 vol.

Marcel Batilliat
Chair mystique, roman . . . . 1 vol.

Léon Bloy
La Femme pauvre, roman . . . . 1 vol.

Gaston Danville
Les Reflets du Miroir, roman. Préface de BJŒRNSTJERNE BJŒRNSON. 1 vol.

Edouard Ducoté
Aventures . . . . 1 vol.

Edouard Dujardin
Les Lauriers sont coupés, précédé de *Hantises* et de *Trois Poèmes en prose* . . . . 1 vol.

Louis Dumur
Pauline ou la liberté de l'amour . 1 vol.

Georges Eekhoud
Le Cycle Patibulaire . . . . . . 1 vol.
Mes Communions . . . . 1 vol.

André Fontainas
Crépuscules . . . . 1 vol.

Paul Fort
Ballades Françaises, préface de PIERRE LOUYS . . . . 1 vol.

André Gide
Le Voyage d'Urien, suivi de *Paludes* 1 vol.
Les Nourritures terrestres . . . 1 vol.

Remy de Gourmont
Le Pèlerin du Silence, orné d'un frontispice d'ARMAND SEGUIN . . 1 vol.
Le Livre des Masques. Portraits symbolistes. Les Masques, au nombre de trente, par F. VALLOTTON . . . . 1 vol.
Les Chevaux de Diomède, roman. 1 vol.
D'un Pays lointain . . . . 1 vol.

Gerhart Hauptmann
La Cloche engloutie, trad. de l'allemand par A.-FERDINAND HEROLD. 1 vol.

A.-Ferdinand Herold
Images tendres et merveilleuses 1 vol.

Alfred Jarry
Les Jours et les Nuits, roman d'un *Déserteur* . . . . 1 vol.

Virgile Josz et Louis Dumur
Rembrandt . . . . 1 vol.

Gustave Kahn
Premiers Poèmes . . . . 1 vol.
Le Livre d'Images . . . . 1 vol.

A. Lacoin de Villemorin et Dr Khalil-Khan
Le Jardin des Délices . . . . . 1 vol.

Pierre Louys
Aphrodite, roman . . . . 1 vol.

Emerich Madach
La Tragédie de l'Homme, traduit du hongrois par CH. DE BIGAULT DE CASANOVE . . . . 1 vol.

Maurice Maeterlinck
Le Trésor des Humbles . . . . 1 vol.
Alladine et Palysette . . . . . 1 vol.

Stuart Merrill
Poèmes, 1887-1897 . . . . . . 1 vol.

Pierre Quillard
La Lyre héroïque et dolente . . 1 vol.

Rachilde
Les hors nature, roman . . . . 1 vol.

Hugues Rebell
La Nichina, roman . . . . 1 vol.

Henri de Régnier
Poèmes, 1887-1892 . . . . . . 1 vol.
Les Jeux rustiques et divins . . 1 vol.
La Canne de jaspe, contes . . . 1 vol.

Jehan Rictus
Les Soliloques du Pauvre . . . 1 vol.

Albert Samain
Au Jardin de l'Infante, augmenté de plusieurs poèmes . . . . . 1 vol.

Marcel Schwob
Spicilège . . . . 1 vol.

Jean de Tinan
Penses-tu réussir ! roman . . . 1 vol.

Marcelle Tinayre
Avant l'Amour, roman . . . . . 1 vol.

Emile Verhaeren
Poèmes . . . . 1 vol.
Poèmes, nouvelle série . . . . 1 vol.

Francis Vielé-Griffin
Poèmes et Poésies . . . . . . 1 vol.
La Clarté de Vie . . . . 1 vol.

E. Vigié-Lecocq
La Poésie contemporaine, 1884-1896 1 vol.

Formats, tirages, grands papiers : au CATALOGUE COMPLET des Publications du « Mercure de France ». Envoi franco sur demande.

ÉDITIONS DU MERCVRE DE FRANCE
Extrait du Catalogue

Collection grand in-8, à 2 fr.

Gunnar Heiberg
Le Balcon, trad. et préface du Comte M. Prozor . . . . 1 vol.

Collection grand in-18, à 1 fr.

Jules Delassus
Les Incubes et les Succubes . . . . 1 vol.

Comte M. Prozor
Le Peer Gynt d'Ibsen . . . . 1 vol.

Archag Tchobanian
L'Arménie, son Histoire, sa Littérature. Introduction d'ANATOLE FRANCE . . . . 1 vol.

Collection petit in-18, à 2 fr.

Léon Bloy
La Chevalière de la Mort . . . . 1 vol.

Hugues Rebell
Le Magasin d'Auréoles . . . . . 1 vol.

J.-H. Rosny
Les Xipéhuz . . . . 1 vol.

Formats et prix divers

Aghassi
Zeitoun . . . . 3 fr. 50

G.-Albert Aurier
Œuvres Posthumes. Notice de REMY DE GOURMONT. Portrait de G. Albert Aurier (eau-forte) par A.-M. LAUZET . . . . 12 fr. »

Henry Bataille
La Chambre blanche, poésies, Préface de MARCEL SCHWOB . . . 2 fr. »

Aloysius Bertrand
Gaspard de la Nuit . . . . 2 fr. 50

Léon Bloy
Ici, on assassine les Grands Hommes, avec portrait et autographe d'ERNEST HELLO . . . . 1 fr. 50

Victor Charbonnel
Les Mystiques dans la Littérature présente (1re série) . . . . 3 fr. 50

Paul Claudel
L'Agamemnon d'Eschyle (trad.) 2 fr. »

Gaston Danville
Contes d'Au-Delà, orné de 20 vignettes de L. CABANES . . . . . 6 fr. »

Eugène Demolder
Le Royaume authentique du Grand Saint Nicolas, couverture à l'aquarelle, frontispice et 30 croquis de FÉLICIEN ROPS, 5 dessins hors texte d'ETIENNE MORANNES . . . . 10 fr. »
La Légende d'Yperdamme, couverture et 9 dessins hors texte d'ETIENNE MORANNES, frontispice, dessin et 3 vignettes de FÉLICIEN ROPS . . . . 7 fr. 50
Sous la Robe. Couverture et 10 ornementations d'ETIENNE MORANNES . . . . 3 fr. 50

Lord Alfred Douglas
Poèmes, texte anglais et traduction française, avec le portrait de l'auteur en héliogravure . . . . 3 fr. 50

André Fontainas
Nuits d'Épiphanies, poésies . . . 3 fr. »

Louis Dumur
La Motte de Terre, 1 acte en prose. 2 fr. »
La Nébuleuse, 1 acte en prose . . 2 fr. »

Henri Ghéon
Chansons d'Aube . . . . 2 fr. »

André Gide
Les Cahiers d'André Walter . . 5 fr. »
La Tentative amoureuse . . . . 2 fr. »
Le Voyage d'Urien, orné de lithographies en couleurs par MAURICE DENIS . . . . 12 fr. »
Paludes . . . . 3 fr. »
Réflexions sur quelques points de Littérature et de Morale . . . . 2 fr. »

Formats, tirages, grands papiers : au CATALOGUE COMPLET des Publications du « Mercure de France ». Envoi franco sur demande.

ÉDITIONS DV MERCVRE DE FRANCE
Extrait du Catalogue

Remy de Gourmont

Le Latin mystique, 3me édition. Préface de J.-K. HUYSMANS. Couverture ornée d'un dessin de FILIGER . . . . 10 fr. »
Le Fantôme, 2me édition, orné de 2 lithographies de HENRY DE GROUX . . . . 2 fr. »
Théodat . . . . 2 fr. 50
L'Idéalisme, avec un dessin de FILIGER . . . . 2 fr. 50
Fleurs de Jadis . . . . 2 fr. 50
Histoires Magiques, 2me édition, avec u lithographie de HENRY DE GROUX . . . . 3 fr. 50
Histoire tragique de la Princesse Phénissa . . . . 2 fr. 50
Proses Moroses . . . . 3 fr. »
Le Château singulier, orné de 32 vignettes en rouge et en bleu . . 2 fr. 50
Phocas, avec une couverture et 3 vignettes par l'auteur . . . . . . 2 fr. »
La Poésie populaire, avec un air noté et des images . . . . 2 fr. »
Le Miracle de Théophile, de Rutebeuf; texte du XIIIe siècle, modernisé . . . . 2 fr. »
Le Vieux Roi, tragédie nouvelle . 2 fr. 50

Charles Guérin

Le Sang des Crépuscules, poésies, avec un Prélude en musique de 32 pages par PERCY PITT . . . . 5 fr. »
Sonnets et un Poème . . . . 2 fr. »

A.-Ferdinand Herold

La Légende de Sainte Liberata, mystère . . . . 2 fr. »
Paphnutius, comédie de HROTSVITHA, trad. du latin, orné de dessins de PAUL RANSON, K.-X. ROUSSEL et ALFONSE HEROLD . 2 fr. »
Le Livre de la Naissance, de la Vie et de la Mort de la Bienheureuse Vierge Marie, orné de 57 dessins de PAUL RANSON . . . 6 fr. »
L'Anneau de Çakuntalâ, comédie héroïque de KALIDASA . . . . . 3 fr. »

Charles-Henry Hirsch

Priscilla, poème . . . . 2 fr. »
Yvelaine, poème . . . . 2 fr. »

Francis Jammes

Un Jour, un acte en vers, suivi de poésies . . . . 2 fr. »

Alfred Jarry

Les Minutes de Sable Mémorial, orné d'un frontispice et de gravures sur bois . . . . 4 fr. »
César-Antechrist . . . . 3 fr. »
Ubu Roi . . . . 2 fr. »

F. Jollivet Castelot

L'Alchimie . . . . 1 fr. »

Tristan Klingsor

Filles-Fleurs, poésies . . . . 2 fr. »
Squelettes fleuris, poésies . . . . 2 fr. »

André Lebey

Les Poésies de Sappho . . . . . . 2 fr. »
La Scène, 1 acte en prose . . . . 2 fr. »
Le Cahier rose et noir, poésies . 4 fr. »
Chansons grises . . . . 3 fr. 50

Maurice Le Blond

Essai sur le Naturisme . . . . . . 2 fr. 50

Sébastien Charles Leconte

L'Esprit qui passe . . . . 0 fr. »

Jean Lorrain

Contes pour lire à la Chandelle. 2 fr. »

Pierre Louys

Poésies de Méléagre (traduction) . 3 fr. »
Aphrodite, mœurs antiques. Vol. in-8 carré, tirage à petit nombre numéroté sur beau vélin . . . . 10 fr. »

Maurice Maeterlinck

Alladine et Palomides, Intérieur, et La Mort de Tintagiles, trois petits drames pour marionnettes 3 fr. 50

Camille Mauclair

Jules Laforgue, essai. Introduction de MAURICE MAETERLINCK . . . 2 fr. 50

Adrien Mithouard

Les impossibles noces, poèmes . 2 fr. 50

Albert Mockel

Émile Verhaeren, avec une Note biographique par FRANCIS VIELÉ-GRIFFIN . . . . 2 fr. »

Laurent Montésiste

Histoires vertigineuses. Contes symboliques . . . . 2 fr. »

Eugène Montfort

Sylvie ou les émois passionnés. Préface de SAINT GEORGES DE BOUHÉLIER . . . . 2 fr. 50

Alfred Mortier

La Vaine Aventure, poésies, couverture lithogr. en couleurs par GEORGES DE FEURE . . . . 3 fr. »
La Fille d'Ariabah, un acte . . . 2 fr. »

Gérard de Nerval

Les Chimères et les Cydalises, poésies. Préface de REMY DE GOURMONT. Portrait de Gérard de Nerval par F. VALLOTTON . . . . . . 2 fr. 50

Formats, tirages, grands papiers : au CATALOGUE COMPLET des Publications du « Mercure de France ». Envoi franco sur demande.

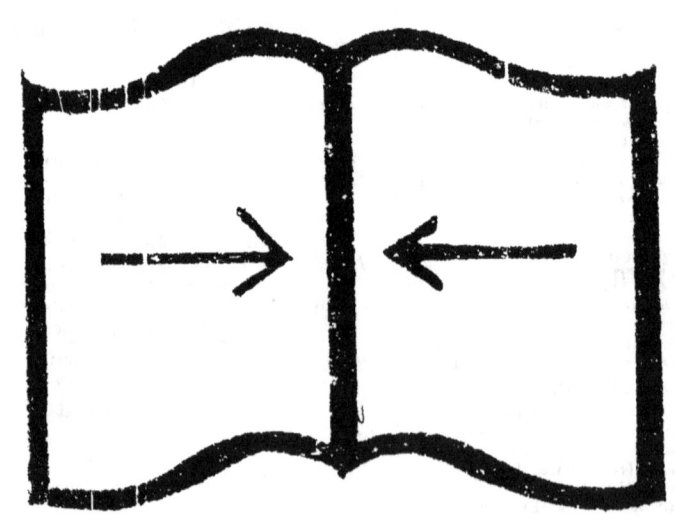

RELIURE SERREE
Absence de marges
intérieures

ÉDITIONS DV MERCVRE DE FRANCE

Extrait du Catalogue

Georges Pioch
La Légende blasphémée . . . . . 2 fr. »
Toi . . . . 2 fr. »

Georges Polti
Les 36 Situations dramatiques . . 3 fr. 50

Pierre Quillard
Les Lettres rustiques de Claudius Ælianus, Prænestin, traduites du grec, avec un Avant-propos et un Commentaire latin . . . . 2 fr. »

Rachilde
Le Démon de l'Absurde, 2ᵐᵉ édition, Préface de MARCEL SCHWOB, portrait de l'auteur, reproduction autographique de 12 pages de manuscrit . . . . 3 fr. 50

Yvanhoé Rambosson
Le Verger doré, poésies . . . . . 3 fr. 50

Hugues Rebell
Baisers d'Ennemis, roman . . . . 3 fr. 50
Chants de la Pluie et du Soleil . . 3 fr. 50

Marcel Réja
La Vie héroïque, poèmes. Frontispice de HENRI MÉRAN . . . . 3 fr. 50

Henri de Régnier
Le Trèfle noir . . . . 2 fr. 50

Jules Renard
Le Vigneron dans sa Vigne . . . . 2 fr. »

Lionel des Rieux
Les Amours de Lyristès . . . . . 2 fr. »
La Toison d'Or, poème . . . . . 2 fr. »

Pierre de Ronsard
Les Amours de Marie, édition précédée d'une Vie de Marie Dupin, par PIERRE LOUŸS . . . . 3 fr. 50

Saint-Georges de Bouhélier
L'Hiver en méditation ou les Passe-temps de Clarisse, suivi d'un opuscule sur Hugo, Richard Wagner, Zola et la Poésie nationale . . . . 6 fr.

Saint-Pol-Roux
L'Ame noire du Prieur blanc . . 5 fr.
Épilogue des Saisons Humaines . 3 fr.
Les Reposoirs de la Procession, avec le portrait de l'auteur . . . 4 fr.

Robert Scheffer
La Chanson de Néos, couverture en couleur de GRANIÉ . . . . 1 vol

Marcel Schwob
Mimes, 2ᵐᵉ édition . . . . 3 fr.
Annabella et Giovanni . . . . . 1 fr.
La Croisade des Enfants, couvert. lithog. en couleurs par MAURICE DELCOURT . . . . . . 3 fr. 50
Le Livre de Monelle . . . . . . 2 fr.

Robert de Souza
Fumerolles . . . . 3 fr.

Auguste Strindberg
Introduction à une Chimie unitaire (Première esquisse) . . . 1 fr. 50

Albert Thibaudet
Le Cygne rouge, mythe dramatique . . . . 3 fr. 50

Charles Vellay
Au lieu de vivre, poèmes . . . . 2 fr.

Francis Vielé-Griffin
Παλαι, poèmes . . . . 2 fr.
Laus Veneris, poème de A.-CH. SWINBURNE (traduction) . . . 2 fr.

Divers
L'Almanach des Poètes pour 1896, orné de 25 dessins par AUGUSTE DONNAY . . . . 3 fr. 50
L'Almanach des Poètes pour 1897, orné de 66 dessins par ARMAND RASSENFOSSE . . . . 3 fr. 50

Fac-similé autographique

Alfred Jarry et Claude Terrasse
Ubu Roi, texte et musique . . . . 5 fr.

Musique

Gabriel Fabre
Sonatines Sentimentales, quatre mélodies : 1º Chanson de Mélisande, de Maurice Maeterlinck, 2º Ronde, 3º Ballade, 4º Complainte, de Camille Mauclair. Couverture en couleur d'Alexandre Charpentier. Nouvelle édition . . . . 5 fr.

Formats, tirages, grands papiers: au **CATALOGUE COMPLET** des Publications du « Mercure de France ». Envoi franco sur demande.

www.ingramcontent.com/pod-product-compliance
Lightning Source LLC
Chambersburg PA
CBHW060511170426
43199CB00011B/1407